Lo Spirito dell'Invidia

Saggi su mimesi, filosofia e politica

Luca Luchesini

Indice

Prefazione

Pur iniziando con un saggio sulla Fenomenologia di Hegel questa raccolta è innanzitutto un omaggio a René Girard e alla sua antropologia mimetica.

Elaborata a partire dal 1960 nell'ambito della critica letteraria la teoria mimetica si è poi allargata alle teorie sociali e psicologiche, fino ad arrivare, nelle ultime opere del suo fondatore, a tentare l'assalto al rango di filosofia della storia. Molto più modestamente io mi sono limitato a cercare di catturarne alcuni aspetti salienti in tre saggi e in un blog creato per le elezioni del 2013, che vengono qui riuniti in un unico volume.

I primi due saggi mettono il pensiero di Girard in relazione a Hegel e a Elias Canetti e coprono l'ambito più prettamente teorico sui meccanismi che portano alla nascita della cultura umana e in particolare delle strutture politiche. Il terzo saggio e il blog spostano infine l'accento sulle applicazioni della mimesi alle relazioni politiche e sociali fornendo qualche spunto per un uso pratico dei concetti esposti, mostrando che teorie e idee alla fine possono diventare strumenti e strutture con cui interpretare e affrontare la realtà quotidiana.

Il lettore particolarmente interessato può poi approfondire gli aspetti psicologici e storici della teoria mimetica in altri due saggi in inglese apparsi nella raccolta "The Apocalypse of Desire", rispettivamente "The Righteously Mimetic Mind" e "Desire and the West: Market, State and the containment of Armageddon".

Breve Guida a Hegel per il Secolo Globale

Introduzione

Questo saggio tratteggia il lato antropologico del pensiero di Hegel come spiegato nelle lezioni sulla "Fenomenologia dello Spirito" tenute da Alexandre Kojève negli anni Trenta alla "Ecole de Hauts Etudes" di Parigi.

Le lezioni danno per scontato il retroterra storico del pensiero di Hegel e per guadagnare in chiarezza di esposizione ho deliberatamente rimosso i riferimenti di Hegel ai suoi contemporanei (ad esempio, la posizione di Hegel rispetto a Kant e così via) mentre ho aggiunto due capitoli per mostrare come Hegel ha influenzato il pensiero successivo fino alla contemporaneità e come ancora oggi costituisca molta parte della nostra infrastruttura concettuale.

Infine, concludo con un bilancio di ciò per cui possiamo ancora dirci debitori a Hegel nel nostro secolo globale. Una delle sfide odierne è quella di cercare di oltrepassare definitivamente le briglie concettuali che Hegel ha formalizzato nel 1807 nella "Fenomenologia" e che da allora hanno influenzato tutto il pensiero dell'Occidente e, di conseguenza, del mondo.

Hegel e il suo tempo.

Georg Wilhelm Friedrich Hegel nasce a Stoccarda, allora capitale del Ducato del Baden-Wuerttemberg, il 27 agosto 1770.

All'epoca la Germania è divisa in una miriade di staterelli che cercano di mantenersi in buone relazioni con le superpotenze europee del tempo, ovvero il Regno di Francia ad Ovest e l'Impero Asburgico ad Est, mentre il Regno di Prussia sta febbrilmente aumentando la sua influenza nel Nord-Est del continente con una spregiudicata politica di espansione militare.

Il padre di Hegel è un alto funzionario dell' amministrazione finanziaria del Duca il che permette alla famiglia di condurre un' esistenza senza preoccupazioni economiche. Il giovane Hegel può così alimentare il suo insaziabile appetito per la lettura e l'apprendimento: appena bambino, è già in grado di leggere e scrivere in greco e latino e mostra una capacità mnemonica straordinaria, mandando sistematicamente a memoria qualunque cosa legga.

Nel 1788 si iscrive alla facoltà di Teologia nella vicina città di Tubinga e vi si laurea nel 1793, spinto anche dal desiderio del padre di vederlo diventare parte del clero protestante. Durante gli studi ha come compagni il futuro filosofo Schelling, e il poeta Hoelderlin. Condividono tutti l'entusiasmo per le nuove idee e i venti di rivoluzione che spirano dalla Francia (Hegel celebra la festa del 14 luglio sino alla fine della sua vita) e forse per questo alla fine degli studi Hegel non intraprende la carriera ecclesiastica ripiegando su un lavoro da precettore privato.

E' in questo periodo tra i 25 e i 30 anni che Hegel entra in una profonda depressione (a cui più tardi nelle sue lettere si riferisce come "Erlaehmung aller Kraefte" o paralisi di tutte le forze) da cui a suo dire esce solo con la piena accettazione della finitezza della propria vita.

Nel 1800 si trasferisce a Jena, dove ottiene un posto da professore associato nella locale università. Nelle università tedesche all'inizio del XIX secolo i professori associati non sono stipendiati e Hegel si trova a vivere dell'eredità lasciatagli dal padre.

A Jena Hegel comincia a costruire il suo sistema filosofico e in una notevole coincidenza di eventi egli completa la sua opera più famosa, la "Fenomenologia dello Spirito", nell'ottobre 1806, esattamente alla vigilia della battaglia. Si narra che guardando Napoleone marciare a cavallo attraverso la città il giorno prima della disfatta dell'esercito prussiano Hegel pronunci la frase "Vidi lo Spirito del Mondo passare a cavallo del suo bianco destriero".

Tuttavia, le conseguenze immediate dell'incontro tra lo Spirito del Mondo (Napoleone) e la sua Autocoscienza (Hegel) sono poco fauste: i soldati francesi incendiano tra le altre anche la casa del filosofo che deve rifugiarsi con tutti i suoi incartamenti nel Municipio. Con il rapido deteriorarsi delle sue condizioni finanziarie Hegel decide di trasferirsi a Bamberg per dirigere il locale quotidiano cattolico e infine accetta la posizione di preside del liceo di Norimberga. Per tutto questo tempo non pubblica nessuna nuova opera ma continua a lavorare alla stesura delle altre parti del suo sistema filosofico, l'Enciclopedia delle Scienze Filosofiche, la Filosofia del Diritto e la Logica.

Per ironia del destino, il riconoscimento pubblico del valore della filosofia di Hegel viene solo dopo il tramonto definitivo della stella di Napoleone: nel 1816, un anno dopo Waterloo, è chiamato dallo Stato prussiano a ricoprire la cattedra di filosofia dell'Università' di Berlino. La posizione gli permette di pubblicare le sue opere e le lezioni dei vari corsi che tiene abitualmente. Diventa infine rettore fino alla sua improvvisa morte nel 1831 a seguito di un'epidemia di colera mentre sta lavorando alla seconda edizione dell'Enciclopedia.

La Filosofia come Sistema.

La filosofia per Hegel deve essere ambiziosa, il suo scopo primo essendo quello di spiegare tutto quello che esiste nel Mondo. Così facendo Hegel segue le orme di Platone , Aristotele e di tutti gli altri grandi filosofi per cui accontentarsi di qualcosa di meno della spiegazione del Tutto è semplicemente un tradimento della vera natura della Ragione. E nel suo Sistema, Hegel articola questa spiegazione in tre parti fondamentali:

- La Filosofia della Natura, ovvero i fondamenti filosofici delle scienze empiriche
- La Logica, o le leggi che spiegano l'Essere inteso come "Totalità di Tutte le Cose"
- La Filosofia dello Spirito, che descrive come la Mente o Spirito si sviluppa nella Storia fino al momento in cui trova il principio di funzionamento e la spiegazione della Natura e di se stesso.

La filosofia di Hegel è quindi sistematica in un duplice senso: da un lato, non lascia nulla al di fuori del suo campo di spiegazione. Dall'altro, le entità che la compongono (Mente, Natura, Spirito, Storia etc.) non sono indipendenti l'una dall'altra ma interagiscono in modi che definiscono a loro volta entità di ordine superiore.

Questo concetto viene ripreso nell'ambito delle scienze esatte dalla Teoria dei Sistemi e si è poi diffuso a scienze come l'ecologia e l'economia. Ricorrendo a un esempio di G.Bateson in "Verso un'ecologia della mente", un boscaiolo che taglia un albero non è un uomo dotato di ascia che attacca la foresta che oppone quanta più resistenza possibile ma è il sistema della foresta, costituito da uomini e alberi, che cerca un nuovo equilibrio sotto la sollecitazione di forze esterne come l'arrivo dell'inverno.

Allo stesso modo, Hegel vuole superare le classiche opposizioni tra oggetto e soggetto, pensiero e materia, idealismo e materialismo, che hanno sempre afflitto la filosofia. E' fuorviante opporre un'idea all'altra, poiché tutte appartengono a un'unità superiore che è lo sviluppo della Spirito o Mente e solo capendo prima la natura ed il processo secondo cui questa entità funziona saremo in grado di collocare ogni pezzo di sapere prodotto nel corso della storia umana nella sua giusta posizione. Delle tre parti del Sistema, la filosofia della Natura è senz'altro il fallimento più clamoroso, già ai tempi di Hegel appare chiaro come la rivale meccanica newtoniana sia straordinariamente più efficace nel fornire spiegazioni accurate del mondo naturale a portata di osservazione. Questo insuccesso è utilizzato dagli avversari per gettare discredito su altre parti del sistema ed è solo una parziale consolazione la riabilitazione da parte della fisica quantistica del XX secolo dell'intuizione hegeliana dell'interdipendenza tra osservatore e fenomeno osservato.

La Logica è di gran lunga la parte più oscura ed esoterica dell'opera di Hegel e descrive le leggi ontologiche del Reale e la relazione tra gli enti e i concetti che ne derivano. La Logica di Hegel non è però una metafisica, nel senso che non pretende di descrivere entità eterne che esistono da sempre al di fuori del Tempo. E' piuttosto la descrizione delle strutture assolute dell'Essere, dove assolute significa esattamente che esse non dipendono da nessun'altra entità esterna al nostro Mondo temporale. Il pensiero di Hegel è infatti intrinsecamente (anche se non esplicitamente) ateista, ossia Idee, Mente e Spirito vengono all'esistenza e sono parte di questo Mondo e non dipendono da nessun altro ente esterno, sia esso Dio o ogni tipo di Essere Superiore o la "cosa in sé inconoscibile" di Cartesio e Kant. D'altra parte, poiché lo Spirito è l'Autocoscienza completa di tutto ciò che appartiene al Mondo, non può che essere Assoluto ovvero indipendente da qualsiasi ente o essere particolare che in esso appare, sia questo un sasso o la singola, individuale esistenza di ognuno di noi. In maniera forse non esatta ma sicuramente efficace, possiamo dire che nella Logica Hegel descrive nel dettaglio il processo per cui il Mondo alla fine arriva alla conclusione di coincidere con Dio stesso.

Come avviene in pratica questo processo di sviluppo dell'Autocoscienza? Esso non è altro che la storia delle idee, ovvero la storia della filosofia che alla fine non fa che riflettere la storia umana. Oppure, come dice Hegel, la Storia dell'umanità non è che la corretta interpretazione dei vari modi in cui lo Spirito Assoluto si è evoluto dalle sue forme più primitive alla sua rivelazione finale. La forma di un'apparizione è appunto un fenomeno, così la Fenomenologia dello Spirito coglie la stretta relazione tra la storia dell'uomo, la storia della filosofia e infine le implicazioni sullo sviluppo dell'umanità della scoperta della Verità (ad opera di Hegel).

Al di là della pretesa quasi salvifica del suo Sistema, Hegel fornisce per la prima volta nella storia della filosofia un'infrastruttura concettuale completa che spiega (o tenta di spiegare) come Idee e Storia non corrano su binari paralleli ma si influenzino reciprocamente, con la Storia che crea le condizioni per lo sviluppo e l'affermazione di particolari filosofie e viceversa le Idee che guidano le decisioni e le azioni degli uomini nell'economia, in politica, in guerra, nella morale e nella religione.

Certo, molti pensatori prima di Hegel hanno speculato sulla Società e la Storia, teorizzando sull'origine dello stato e sull'evoluzione dell'uomo. Ma solo Hegel riesce per primo a creare la serie di modelli che gli permettono di spiegare perché l'Impero

Napoleonico figlio della Rivoluzione francese non è che l'inevitabile ultima tappa evolutiva del processo iniziato con gli antichi Greci e continuato con Roma e il Cristianesimo.

D'ora in avanti ci riferiremo alla Fenomenologia dello Spirito con l'acronimo PhG, dall'originale tedesco "Phaenomenologie des Geistes". Il ricorso alla notazione originale è spesso una necessità quando si commenta Hegel, poiché molte parole e termini sono spesso impossibili da trasporre esattamente in altre lingue.

Ad esempio, "Geist" può essere tradotto sia come Mente sia come Spirito. L'ultimo termine è più preciso ma rimane circondato da un alone di spiritualità che non è presente nel concetto hegeliano. Al contrario, Mente rende sicuramente di più la natura umana e collettiva del concetto ma tende a sottovalutare le sue implicazioni sociali e storiche, rimanendo confinato nella sua accezione cognitiva.

Come osserva Kojève, "Geist" è forse tradotto meglio da "Spirito Santo senza il Santo" della teologia cristiana, dove lo Spirito Santo è sia la piena Autocoscienza di Dio che la forza che crea e mantiene in esistenza il Mondo, con la fondamentale eccezione che per Hegel questa forza deve essere interamente riferita all'uomo stesso.

L'antropologia di Hegel

La dialettica Servo-Signore

I capitoli iniziali della PhG rispondono a due domande basilari: cosa differenzia l'uomo dagli animali e come questa differenza è emersa nella storia?

Mentre alla prima domanda sono già state date molte risposte, poco o nulla si è fatto prima di Hegel per rispondere alla seconda, dato che nella maggior parte dei casi il processo è stato dato per scontata, grazie soprattutto al concetto di anima, a sua volta immortale creatura o riflesso di qualche tipo di Dio eterno.

D'altra parte, occorre dire che anche la spiegazione data dal pensiero materialistico epicureo che riduce l'uomo a un animale appena un po' più complesso degli altri lascia a desiderare. Hegel ridefinisce il concetto di anima o coscienza e grazie a questa ridefinizione lancia un'ipotesi su come la coscienza possa sorgere in un essere pre-umano e poi evolva nel tempo.

Identificare il meccanismo antropogenico o antropoietico fondamentale equivale poi a ottenere il motore dello sviluppo storico e culturale che l'uomo produce nel corso della sua storia per rappresentare se stesso e il suo Mondo. Partiamo dalla coscienza.

La coscienza per Hegel passa attraverso quattro stadi evolutivi, cioè la Sensazione, la Percezione, la Coscienza (Bewusstsein) e infine l'Autocoscienza (Selbst-Bewusstsein). La sensazione è il primo livello ed è anche ciò che abbiamo in comune con gli animali: riceviamo stimoli dall'ambiente esterno attraverso i sensi e vi reagiamo in maniera più o meno automatica senza capire veramente che cosa ci stia accadendo.

Passando alla percezione, a differenza degli animali, l'uomo inizia a capire l'opposizione originaria tra se stesso e il mondo esterno. Messo a dura prova dalla natura e dagli altri suoi simili, l'uomo è inizialmente dominato dal desiderio di essere riconosciuto come vero ed esistente. Per Hegel, il primo differenziatore tra uomini e animali non è tanto un'anima eterna quanto piuttosto un desiderio di riconoscimento ("Begierde von Anerkennung"), irrazionale quanto irresistibile. Che cosa può soddisfare questo desiderio di riconoscimento? Sicuramente non un oggetto o un animale, i cui comportamenti sono codificati e immutabili. Gli oggetti e gli animali possono al più soddisfare i bisogni basilari di cibo e riparo. Solo un altro uomo può riconoscere un uomo e soddisfare così il suo desiderio di riconoscimento, ma questa volontà di riconoscimento in prima istanza porta ad una Lotta ("Kampf").

La Lotta tra i primi uomini (e i primi villaggi, i primi popoli, i primi imperi..) conduce inevitabilmente a un vincitore e a un vinto. Chi vince in questa Lotta primigenia? Alla fin fine, la vittoria va a chi ha saputo superare il timore della morte per ottenere il riconoscimento del vinto. In altre parole, non è la lotta per il cibo o per difendere la propria famiglia o tribù che permette il salto dall'animale all'uomo, quanto la lotta a morte per ragioni di puro prestigio. Per Hegel, il vero combattimento umano è quello intrapreso per conquistare le bandiere del nemico o per ristabilire l'onore offeso e quanto più futile è il motivo scatenante tanto più umano (nel senso di generativo di umanità) è il conflitto.

Questo conflitto primordiale stabilisce la struttura dialettica originaria della società, cioè quella del Servo e del Signore. I vincitori diventano Signori mentre i vinti sono destinati a essere i loro Servi (sempreché i vincitori decidano di farli sopravvivere, cosa tutt'altro che scontata nella storia reale). Questa è la condizione che permette al Servo di passare al livello della coscienza. La coscienza per Hegel è la percezione che ognuno ha di se stesso come essere separato e opposto al resto del Mondo e dell'insieme di spiegazioni che si sviluppano nel corso del tempo e delle generazioni per spiegare lo stato della realtà. La facoltà che presiede allo sviluppo di questa rappresentazione ("Bildung") è l'Intelletto o "Verstand".

Perché questa facoltà viene sviluppata dal Servo e non dal Signore? E' il Signore infatti ad aver acquisito grazie alla vittoria sul Servo la libertà dalle necessità materiali, cui provvede appunto il Servo. E' sempre il Signore a essersi assicurato il perenne riconoscimento del suo valore dalla presenza e reverenza del Servo. Ma il Servo per il Signore non è un vero uomo e quindi il suo riconoscimento non ha valore. Il Signore per Hegel si trova quindi in uno stallo esistenziale, e può scegliere solo tra l'imbarcarsi in un'altra lotta di prestigio o il cadere preda della decadenza e della noia. I Signori sono destinati ad essere uomini insoddisfatti, perché non esiste nessuno in grado di soddisfare il loro desiderio di riconoscimento.

Sempre a prima vista, la vita del Servo è molto più sfortunata. Se è riuscito a sopravvivere al massacro dei vinti, è destinato a servire per il resto della sua vita per soddisfare i capricci del Signore. Tuttavia, anche il Servo è passato per la fase della Lotta e se si è arreso prima del Signore lo ha fatto per il timore della morte. Anche lui quindi è passato attraverso l'angoscia dell'esperienza della propria finitezza e il fatto di aver rinunciato alla libertà significa proprio che l'esperienza della morte è stata così forte da fargli sacrificare tutto pur di evitarla. La sua condizione ora lo costringe al Lavoro, e a differenza del Signore egli può imparare come attraverso il Lavoro ("Arbeit") si può modificare la Natura e trasformarla secondo i propri piani e intenzioni (fintantoché siano soddisfatti i bisogni del Signore).

Nel corso del tempo e grazie all'Azione trasformatrice del suo Lavoro il Servo sviluppa la piena coscienza della sua condizione nel Mondo, o in altri termini si crea un insieme di spiegazioni su chi egli è e quale è il suo posto nel Mondo oltre a come lo si possa manipolare per ricavarne il maggior vantaggio possibile. Alla fine, il Servo supera il Signore sia dal punto di vista intellettuale sia da quello materiale perché ha attraversato lo stadio della Lotta come il Signore (anche se sconfitto una prima volta) ma si è anche sviluppato attraverso il Lavoro cui è stato inizialmente costretto. Alla fine del processo, il Servo è pronto a sfidare di nuovo il Signore in una Lotta a morte, questa volta però con la piena consapevolezza della sua superiorità e del bisogno di superare questo ultimo ostacolo per ottenere il riconoscimento cui egli anela.

Per Hegel, questa Lotta finale non può non essere violenta e finire o con l'eliminazione fisica del Signore oppure con la sua consapevole accettazione della sconfitta, il che equivale a riconoscere di essere egli stesso un Servo. Ma il Servo che trionfa alla fine della Storia non è più il Servo originario ma quello che continua a lavorare perché nel corso del tempo ha capito il valore del Lavoro nel processo di raggiungimento della Conoscenza.

Per Hegel, la forma concreta di questa dinamica è quella della Rivoluzione francese e della violenta espansione dell'Impero Napoleonico, le cui armate sono formate da soldati-lavoratori che dopo aver sconfitto gli eserciti del Vecchio Regime non si cullano nei privilegi dei vincitori ma tornano al lavoro delle loro occupazioni quotidiane. Nel mattino dell'ottobre 1806 in cui i cannoni di Napoleone sbaragliano l'esercito prussiano e Hegel termina le pagine finali della PhG sul tavolo di legno del suo studio, tutto questo s'impone in assoluta evidenza al filosofo.

La Storia è giunta a questa battaglia finale attraverso l'infinita Lotta reciproca degli uomini incarnata dai cannoni di Napoleone e dall'altrettanto sconfinato sforzo di controllare la Natura e gli eventi tramite il Lavoro, lavoro che ha prodotto tra le altre cose il tavolo e la carta su cui scrive Hegel. Ora finalmente il principio guida dell'uomo e della storia è rivelato e l'uomo può finalmente accedere all'ultimo livello di sviluppo, quello dell'Autocoscienza.

A questo livello la Storia e tutto quanto in essa contenuto (lotte, conquiste intellettuali e materiali, arte, religione) si rivela infine come il processo mediante il quale l'uomo diventa capace di rendersi conto di tutto ciò che esiste, e come tutto ciò che esiste di umano nel Mondo (città, nazioni, culture) non sia che una tappa verso questa consapevolezza di sé. Questa capacità supera l'Intelletto ed è anzi la vera natura della Ragione ("Vernunft"), quella di poter fornire un resoconto completo della Realtà e di se stessa.

La prima manifestazione di questo nuovo livello di consapevolezza avviene per opera di un uomo chiamato Hegel che riflette sulle azioni di un altro uomo chiamato Napoleone. Se la Coscienza evolve nell'uomo grazie alla Lotta e al Lavoro o Azione, non esiste Azione che l'uomo intraprende che non possa infine essere riferita a una Lotta contro qualcuno o qualcosa portata avanti attraverso un duro e paziente Lavoro.

L'uomo, ovvero la negatività in azione

Secondo Hegel ogni azione dell'uomo è ultimamente legata alla sua volontà di affermazione a spese della realtà circostante, o detto in altri termini l'uomo può agire sul reale solo negandolo in funzione di un suo disegno che introduce nel Mondo il sistema di significati che fa infine evolvere l'uomo allo stadio dell'Autocoscienza.

Negare la realtà non significa ovviamente vivere in una condizione di diniego dell'esistente, pretendendo che le cose siano altro da quelle che sono o vivere in una condizione di pessimismo psicologico. Questo approccio porterebbe semplicemente all'estinzione della specie umana sotto le spinte ostili dell'ambiente, mentre è evidente l'enorme successo conseguito dal genere umano nel dominio dell'ambiente e, all'interno della compagine umana, la preminenza almeno nell'epoca di Hegel di quella che Arnold Toynbee definiva la "Cristianità occidentale".

Per Hegel negare la realtà significa considerarsi in opposizione al Mondo (lo stadio della Coscienza che appare relativamente presto nello sviluppo umano) e, come tale, ritenersi autorizzati se non obbligati ad agire su di esso per renderlo più confacente possibile ai nostri desideri e bisogni. Man mano che il Servo evolve, egli accetta sempre più malvolentieri che i suoi cari cadano vittima di malattie, carestie, guerre e ignoranza. Così inizia a svilupparsi la medicina, si creano istituzioni per far fronte ai nemici interni ed esterni alla comunità, si assicurano sempre più le fonti di nutrimento e si creano i primi sistemi educativi.

Queste vittorie contro il Mondo naturale e gli altri uomini che lo popolano sono prima attribuite a divinità benigne, poi a governanti illuminati e infine al corpo stesso di conoscenze costruito da una nazione nel corso della sua Storia. Se il nuovo entra nel Tempo in vista di un progetto che si realizza nel futuro, il compimento di ogni opera per Hegel significa in pratica la distruzione (o trasformazione, se si preferisce) di qualcosa che esiste ora a beneficio di qualcosa che ancora non esiste.

Ma il desiderio di cambiamento di un presente insoddisfacente rispetto a un futuro non realizzato non basta da solo a fare intraprendere un progetto (sia esso la ricerca di un nuovo vaccino, la conquista del potere politico o un'opera d'arte). Ci si mette in moto anche sulla base della possibilità che esso ha di realizzarsi. Che cosa sostanzialmente decide della fattibilità di un'impresa? La credibilità ovvero la storia passata di chi vi partecipa.

Cesare a passeggio sulla riva settentrionale del Rubicone la sera prima del suo attraversamento ha un progetto sulla Repubblica romana reso credibile dal suo passato di brillante stratega e solo questo rende il presente carico di attesa per il prossimo cambiamento. La stessa passeggiata fatta da uno qualsiasi dei suoi ufficiali, ancorché dotati delle stesse intenzioni, non ha lo stesso significato storico. In un contesto radicalmente diverso, quando Steve Jobs presenta per la prima volta l'iPhone nel gennaio 2007 il presente ancora una volta ribolle nell'anticipare la rivoluzione della mobilità su Internet, garantita dalla reputazione di visionario del fondatore di Apple. D'altronde, una delle più celebri qualità riconosciute a Jobs è il "campo di distorsione della realtà" verso cui spingeva costantemente la sua azienda e il mercato con essa.

Secondo Hegel, questo campo di distorsione della realtà è esattamente la Negatività tipica dell'uomo. Il presente quindi è il luogo in cui l'uomo trama continuamente per annientare nel passato tutto quanto non si conforma o diverge dalla sua visione del futuro. A differenza del passato, il presente non ha la forza della storia a garantire il suo valore e nemmeno ha l'irresistibile richiamo dell'anticipazione tipico del futuro. Cesare e Steve Jobs avrebbero fallito miseramente se avessero lanciato i loro tentativi di rivoluzione su Roma e sull'industria delle telecomunicazioni senza il loro passato. D'altronde, se si fossero seduti sui loro già notevoli meriti militari e imprenditoriali rinunciando al richiamo del futuro si sarebbero parimenti condannati a un oblio anticipato, lasciando ad altri la creazione del futuro.

Per Hegel non esiste quindi alternativa: sino a quando la Storia non si è compiuta, l'unica possibilità per essere uomini in senso forte è gettarsi nell'Azione, ovvero nel cambiare il Mondo secondo le proprie idee e progetti, che poi in pratica significa ingaggiare una Lotta sostenuta dal Lavoro contro la Natura e gli altri uomini che hanno progetti diversi e contrari ai nostri.

Certo, Lotta e Lavoro devono essere condotti in maniera scaltra e non significano necessariamente un conflitto diretto e distruttivo. Ma per Hegel rimane un fatto incontestabile che fino alla completa realizzazione della Storia l'Azione è l'unico mezzo a disposizione per migliorare il Mondo e progredire sulla strada che porta all'Autocoscienza. Con uno scarto rispetto ai primi scritti romantici e alla sua formazione da chierico, non è l'amore o l'esortazione morale che alla fine cambiano il mondo ma atti molto più prosaici come guerre e commerci.

Torniamo ora alle domande con cui abbiamo cominciato, cosa differenzia l'uomo dagli animali e come questa differenza si sviluppa nel tempo. Hegel fornisce due risposte straordinarie: l'unica vera differenza tra l'uomo e l'animale è un desiderio insaziabile di riconoscimento, il che significa che gli uomini ribaltano il principio base delle società animali dove lo scontro iniziale crea una gerarchia stabile fintanto che la salute biologica degli esemplari dominanti lo consente. Nelle società umane invece le gerarchie sono continuamente poste in discussione: i Signori tendono ad estendere il loro spazio di dominio attraverso la Lotta mentre i Servi continuano ad accrescere la loro consapevolezza e il loro risentimento attraverso il Lavoro. Lotta e Lavoro sono le categorie che definiscono l'Azione ovvero il processo con cui l'uomo infine raggiunge l'Autocoscienza dove infine trova la sua Soddisfazione ("Befriedigung").

A differenza di Rousseau e in linea con Hobbes, per Hegel non esiste un'idillica condizione iniziale di "buon selvaggio" all'inizio della Storia umana, ma la Lotta a morte di uomini contro altri uomini per il riconoscimento. Ma mentre per Hobbes la Storia non è che una guerra perenne interrotta qua e là e sempre a caro prezzo da periodi di pace garantiti dal potere dello Stato, per Hegel questa struttura originariamente violenta contiene il meccanismo che alla fine garantisce l'emergere dell'ordine dal caos e della ragione dalla forza bruta, conducendo infine la Storia umana al suo compimento.

Storia, cultura e destino dell'uomo

Dalla Natura allo Spirito

Dopo aver individuato gli elementi chiave che definiscono la natura umana, Hegel dimostra che l'intera Storia umana non è altro che lo sviluppo collettivo dell'uomo dallo stadio della Percezione a quello dell'Autocoscienza.

Oggi tendiamo a dare quasi per scontati concetti come mentalità, immaginario condiviso, "Zeitgeist" (espressione inventata da Hegel) e dimentichiamo che prima di Hegel filosofi, intellettuali e preti senza distinzione di sorta hanno sempre parlato dal punto di vista della verità assoluta e dell'eternità, ammettendo al più un certa qual influenza positiva o negativa della società nel permettere agli uomini il raggiungimento della verità stessa.

Sotto quali circostanze, si chiede invece Hegel, certe idee e non altre sorgono in una certa situazione sociale e viceversa come avviene che idee inizialmente stravaganti e osteggiate siano infine accettate e plasmino l'evoluzione della società e della storia? Storia e cultura sono in realtà governate dalle stesse forze che sovrintendono all'evoluzione di ogni individuo dalla Sensazione all'Autocoscienza e la dialettica Servo-Signore si traspone nella Lotta tra nazioni e filosofi attraverso il duro Lavoro di soldati, mercanti, contadini e scienziati.

Nello stesso modo, la filosofia (per Hegel la Scienza più elevata) evolve dalle prime espressioni tipiche della Percezione, dove tutto è visto come fuori di noi (dai primi filosofi greci fino a Platone) allo stadio della Coscienza o dell'Intelletto (da Platone a Kant) per raggiungere infine l'ultimo stadio dell'Autocoscienza o Ragione con Hegel, o meglio con il contenuto della PhG che descrive il processo in ogni dettaglio.

Grazie a Hegel per la prima volta la Ragione può contemplare la Natura e il Mondo umano rendendosi conto che tutte le idee, filosofie e religioni nate, sviluppatesi e infine abbandonate nel corso della Storia sono stati i passi di un lungo, doloroso e contraddittorio processo che infine culmina nella sua completa Autocoscienza assoluta.

Per Hegel è fuorviante dire che gli antichi Egizi sbagliavano a venerare il Faraone così come non avrebbe senso affermare che un bambino si sbaglia a credere nelle fate o in Babbo Natale: stanno entrambi passando una fase di sviluppo in cui un dato sistema di credenze deve essere visto come una tappa ("Moment") che sarà superata ("aufgehoben") sul cammino verso l'Autocoscienza o l'età' adulta.

Gli animali non hanno storia, perché dalla nascita alla morte non fanno che replicare l'insieme di comportamenti ereditati dai loro progenitori. Le uniche variazioni possibili sono introdotte dall'esterno tramite cambiamenti ambientali o mutazioni genetiche accidentali. Al contrario, impegnati in una continua Lotta attraverso il Lavoro spinta da un'insaziabile voglia di riconoscimento gli uomini non fanno che ri-plasmare il Mondo esterno (inteso come natura e società) così come il loro Mondo interno (ovvero la scienza, la filosofia, la religione) fino a che entrambi non sono completamente riconciliati.

Questo porta all'apparizione nell'uomo dello Spirito Assoluto, dove assoluto non significa che egli si scopre o acquista poteri soprannaturali ma che alla fine della storia egli diviene infine consapevole della sua dipendenza da nessun altro ente se non se stesso su questo sasso sperduto nello spazio cosmico. Fino alla pubblicazione della PhG da parte di un oscuro professore associato dell'Università' di Jena, gli uomini speculano su come forze esterne e spesso soprannaturali influenzano le loro vite. Ma questo, per parafrasare San Paolo, era "pensare da bambini e comportarsi da bambini" (e Hegel aveva sicuramente riflettuto sul pensiero dell'Apostolo delle genti come studente di teologia). Dal 1807 l'uomo può pensare se stesso in un modo radicalmente diverso che tuttavia fornisce una piattaforma di spiegazione realistica all'agire umano.

La libertà e la giustificazione della storia

In pieno accordo con la tradizione giudaico-cristiana Hegel pensa che l'uomo e la sua libertà siano i veri protagonisti della Storia. Ma il pensiero giudaico-cristiano è ancora figlio dell'epoca dell'Intelletto, in cui l'Autocoscienza non è ancora completamente emersa e il processo storico è visto dall'esterno e non riconosciuto come totalmente umano. Così dove la tradizione giudaico-cristiana pone l'ultima Rivelazione della Provvidenza come fine ultimo del processo storico, Hegel lo sostituisce con l'autorivelazione della Ragione a se stessa.

Una trasformazione simile avviene per il concetto di libertà, che da un punto di vista storico definiamo molto grossolanamente come la possibilità per un uomo di prendere decisioni e rischi che superano l'interesse o le cogenze immediate fino al punto di mettere a rischio la propria esistenza per affermare un qualsiasi tipo di principio o valore.

Senza questa possibilità intrinseca di atti rischiosi e anche irrazionali che possono però cambiare radicalmente il corso degli eventi la storia umana sarebbe molto più simile e prevedibile al pari di quella del mondo animale. Per il pensiero giudaico-cristiano che ha dominato l'Occidente fino a Hegel, la possibilità della libertà è fondata e garantita dal collegamento individuale e diretto fra ogni anima e Dio. Per Hegel, questo invece è assicurato dal primitivo rifiuto del timore della morte messo in atto nella prima Lotta vinta dal Signore sul Servo e in seguito dal Servo stesso. In altre parole, mentre nella prospettiva giudaico-cristiana il legame diretto con l'Eterno assicurato dall'anima immortale è ciò che fonda il coraggio umano di rischiare l'annientamento fisico, per Hegel questa possibilità è garantita dal "naturale" atteggiamento umano di sfidare la morte per essere riconosciuti, ovvero lottare a morte contro qualsiasi cosa si contrapponga al nostro riconoscimento nel Mondo.

L'uomo può infatti sempre far ricorso all'estremo rifiuto rappresentato dal suicidio se trova una certa configurazione di eventi mondani totalmente insopportabile e nessun potere può impedirgli di mettere in atto questa strategia. Il suicidio o il martirio sono l'estremo atto di libertà e su questo Hegel si trova in un certo modo d'accordo con Dante che mise Catone l'Uticense, morto suicida per non sottostare alla tirannia di Cesare Augusto, a guardia del Purgatorio come simbolo eterno della libertà dal peccato.

Tuttavia non tutti gli atti di eroismo e martirio sono uguali per Hegel, e bisogna distinguere quelli che fanno muovere la Storia nella giusta direzione, cioè verso il progressivo svelarsi dello Spirito assoluto alla fine della Storia. Essere dalla parte giusta del processo storico è la vera differenza tra un eroe e un brutale assassino e tra un vero martire e un semplice ostacolo al progresso. Per Hegel, i cristiani uccisi durante le persecuzioni romane sono dei veri martiri, perché muovevano la Storia dall'antica età della Percezione alla nuova epoca dell'Intelletto e i loro aguzzini romani non sono appunto che volgari assassini. Gli stessi cristiani trucidati nella repressione dei moti della Vandea durante la Rivoluzione francese non meritano il nome di martiri, poiché in realtà si opponevano al nuovo, ineluttabile salto storico e bisogna invece celebrare le armate rivoluzionarie che li hanno sterminati come veri eroi di questa fase storica.

Alla fine il criterio ultimo per giudicare la giustezza o meno di un atto storico è il suo maggiore o minor successo nel cambiare la storia del mondo: l'attivista che organizza attentati che uccidono anche innocenti per rovesciare un governo diventa un eroe della libertà o un padre della nazione se ottiene il suo scopo, altrimenti resta condannato a rimanere un terrorista. E per Hegel il successo finale non dipende tanto dalla maggiore o minor astuzia del singolo individuo, quanto piuttosto dalla sua capacità di muoversi sulle linee di evoluzione generali della società e della Storia.

I rivoluzionari vittoriosi non solo in politica ma anche nei campi allargati della morale o delle scienze sono quelli che hanno saputo anticipare le tendenze latenti nelle nazioni e nelle società in modo da incarnare lo spirito del proprio tempo. D'altra parte, i fallimenti politici e culturali di ogni genere si spiegano con quello che per Hegel è il peggior peccato, la soggettività ovvero l'esclusiva e assoluta dipendenza dalle proprie convinzioni e opinioni senza prendere in considerazione in alcun modo ciò che il mondo intorno a se stessi pensa e giudica.

Non è quindi un caso che all'inizio della PhG Hegel stabilisca come criterio supremo per il successo della sua opera la sua universale accettazione da parte del pubblico (o almeno, da parte del pubblico dei filosofi e degli intellettuali del suo tempo).

In cammino verso lo Stato Universale

In linea con il suo principio antropogenico, Hegel suddivide la storia dell'uomo in quattro età principali:

- L'età della Sensazione, lo stato primitivo precedente alla nascita della civiltà

- L'età della Percezione, la prima fase della dinamica Servo-Signore dove la vittoria del Signore conduce alla fondazione delle civiltà dei Signori. Questa epoca comprende sostanzialmente tutto il mondo antico fino alla caduta dell'Impero romano e alla nascita della civiltà cristiana.
- L'età dell'Intelletto, in cui il Servo diventa man a mano sempre più consapevole della realtà sino a che è pronto a reingaggiare la Lotta a morte con il Signore. Questa epoca inizia con la caduta dell'Impero romano e si prolunga fino all'inizio della Rivoluzione francese.
- L'età della Ragione, in cui il Servo, dopo aver sconfitto il Signore, riconosce infine di aver completato il processo di evoluzione storica e di essersi infine pienamente realizzato. Questo avviene sostanzialmente con la spiegazione filosofica da parte di Hegel dei trionfi di Napoleone.

Con il senno di poi è facile accusare Hegel di eccessiva ingenuità visto che la storia non si è certo fermata con la battaglia di Jena ed Hegel stesso assiste alla rovina del suo eroe e deve pubblicamente ammettere che quanto da lui scritto su Napoleone va in realtà riferito al Regno di Prussia, che peraltro egli detesta.

Ma Hegel non dice che dopo il 1806 tutti gli uomini si trasformeranno in filosofi o che la pace universale regnerà sovrana. Quello che invece afferma è che per la prima volta nella Storia umana sono successe due cose che ne rappresentano il culmine dello sviluppo concettuale e che quindi dal 1806 in avanti la Storia umana descriverà solo la progressiva estensione geografica di questa nuova consapevolezza a tutto il resto del mondo. Di che eventi si tratta? Il primo è l'apparizione nella persona di Napoleone dell'uomo pienamente consapevole di se stesso e della sua assolutezza e parimenti della società concreta in cui egli vive, l'Impero francese esteso a tutta l'Europa (che al tempo di Hegel viene tout court considerata dagli europei come l'intero mondo civile).

Un esempio concreto di quest'assolutezza di Napoleone è il rituale della sua cerimonia di incoronazione a Imperatore dei Francesi: per la prima volta nella storia umana Napoleone si mette da solo la corona in testa, superando migliaia di anni di storia in cui il potere discende da un diritto di nascita o da un'autorità religiosa o da qualsivoglia loro combinazione. Il secondo è la parallela apparizione della filosofia di Hegel che inquadra e giustifica il nuovo regime come la necessaria e inevitabile conclusione di tutto il processo storico umano.

Tra il fumo dei cannoni della battaglia di Jena Hegel concepisce la nascita del primo Stato Universale che, con la potenza francese e lo spirito tedesco, avrebbe unificato l'Europa e si sarebbe poi progressivamente esteso al resto del mondo. Nella Rivoluzione francese gli uomini si rendono finalmente conto che sono i veri artefici delle loro credenze e rappresentazioni e dopo l'ultima Lotta con le forze della Signoria (incarnate prima dai contadini vandeani e poi dalle armate delle coalizioni europee) essi fondano lo Stato Omogeneo Universale.

D'ora in avanti la Storia cessa di produrre sovvertimenti fondamentali nel modo in cui gli uomini si concepiscono e diventa solo una lunga successione di guerre e rivoluzioni che servono ad estendere al resto del Mondo lo Spirito della Rivoluzione francese.

Lo Stato Omogeneo e Universale
Lo Stato, in ogni sua forma, è per Hegel la massima espressione dello Spirito umano, seguito a ruota dalla

Chiesa. La superiorità dello Stato sulla Chiesa come forma concreta dello Spirito è dovuta a due semplici ragioni: in primo luogo, lo Stato include anche tutti i membri delle diverse Chiese presenti al suo interno (oltre poi a quanti non si riconoscono in alcuna Chiesa) ed è quindi più inclusivo e rappresentativo di una data società. Secondariamente, lo Stato non riconosce e non viene a patti, almeno dall'epoca della Riforma protestante, con nessun potere reale posto al di sopra di sé, mentre la Chiesa deve "costituzionalmente" derivare la sua autorità da un Dio posto al di fuori di essa.

Al pari degli uomini, gli Stati intraprendono tra loro Lotte a morte basate sul puro prestigio e organizzano il Lavoro e l'attività' di cittadini e sudditi per rimuovere ogni ostacolo alla loro sopravvivenza e prosperità. Infine, le leggi degli Stati definiscono la moralità e allo stesso tempo riflettono la visione del mondo delle società che rappresentano e plasmano.

Così come lo Spirito sviluppa la sua consapevolezza nel corso della Storia superando l'opposizione tra soggetto e oggetto, allo stesso modo lo Stato è soggetto di una trasformazione analoga. Nell'era antica, lo Stato è il potere assoluto che soggioga i suoi cittadini sottomettendo ogni valore privato (in primis la famiglia) alla superiore volontà della comunità. E' la dinamica rappresentata tra le altre nelle tragedie di Ifigenia e Antigone che raggiunge il suo vertice storico nel culto dello Stato imperiale romano.

L'avvento del Cristianesimo introduce il diritto dell'individuo e la progressiva erosione di ogni arbitrarietà assoluta da parte dello Stato che sfocia nel Terrore della Rivoluzione francese. Infatti, nella lettura di Hegel (e in un modo certo contro-intuitivo per la nostra mentalità post-totalitaria) il Terrore non è altro che la violenza illimitata che si scatena quando il potere è detenuto da uomini che non hanno più nessun senso dell'universalità. Napoleone mette fine a tutto questo, istituendo lo Stato Universale Omogeneo francese fondato solamente sulle convenzioni e sui valori umani della Rivoluzione.

Lo Stato imperiale francese riconosce ogni suo membro come un individuo dotato di pieni diritti e viceversa ogni individuo comprende che questo Stato rappresenta (o meglio, incarna) la natura universale di ognuno dei suoi cittadini oltre e al di sopra di ogni specificità di razza, sesso, religione, lingua e così via. Gli individui sono quindi pronti a trasformarsi in Cittadini e fare tutto quanto necessario (dal pagare le tasse al servire nell'esercito) perché questo Stato resista ai nemici esterni.

Certo serve ancora moltissimo Lavoro da parte dello Stato per difendersi ed estendersi, ma i suoi Cittadini possono già godere della fine dei conflitti intestini e soprattutto della soddisfazione di essere riconosciuti da tutti gli altri individui e dallo Stato stesso come rappresentazione vivente dello Spirito universale. Questo significa anche che solo nello Stato universale si dà la vera libertà, che per Hegel non ha la semplice connotazione negativa di "assenza di costrizione esterna" ma è anche e soprattutto la possibilità per ogni individuo di realizzare la propria vera natura.

Che poi significa essere pienamente consapevoli del processo di autosviluppo dello Spirito universale. Oppressione, conflitti e lotte per la libertà sono tutti sintomi dello Stato imperfetto, in cui lo Spirito non ha ancora raggiunto la piena Autocoscienza e gli individui rimangono separati e mis-conosciuti nelle loro aspirazioni. Nello Stato Universale e Omogeneo invece, parafrasando lo stesso Hegel, "tutto quanto è legale è morale e tutto quanto è morale è legale" e se qualcuno dei suoi cittadini ancora si sente in qualche modo oppresso o comunque insoddisfatto questo è senz'altro dovuto a qualche residua mancanza di sviluppo spirituale che deve essere curata con qualche forma di rieducazione.

L'ultimo filosofo

Fin dall'inizio della filosofia, pensatori e intellettuali di ogni sorta si sono fatti un preciso dovere di informare la società delle loro scoperte affinché i loro meno dotati concittadini potessero trarne beneficio nelle loro vite quotidiane. Troviamo così Platone cha fa il consigliere del tiranno di Siracusa, Seneca che si adopera per moderare la politica di Nerone e Voltaire che fa il confidente di Federico di Prussia. Probabilmente anche Hegel sperava di essere chiamato a Parigi ma la richiesta di Napoleone non arrivò. Nonostante l'evidente mancanza di riconoscimento da parte del suo eroe, Hegel sviluppa una precisa visione del ruolo del filosofo nello Stato Universale nell'ultimo capitolo della PhG dedicato alla figura del Saggio.

Se l'apparire dello Stato Universale segna la fine dell'uomo come attore storico che agisce sulla realtà con la Lotta e il Lavoro, così l'apparire del Sistema di Hegel pone termine alla filosofia intesa come la produzione di ideologie che forniscono spiegazioni parziali dell'attività dello Spirito. I filosofi prima di Hegel si dedicano a una Lotta contro le filosofie dei loro predecessori tramite il Lavoro del loro pensiero critico, e solo Hegel è capace di ricomprendere tutti gli sforzi precedenti nel processo di sviluppo dell'Autocoscienza dello Spirito assoluto.

Da questo momento, esiste solo la contemplazione dell'Autosviluppo dello Spirito. E come la Storia diventa la cronaca dell'estensione spaziale dello Stato Universale, così la filosofia diventa sostanzialmente la diffusione dello studio e del commento dell'opera di Hegel, per la precisione della Logica e della PhG, in tutte le università del mondo.

La riconciliazione di Tempo ed Eternità

Hegel finisce di descrivere l'evoluzione del processo storico nel capitolo 5 della PhG. Poi, nel capitolo 6 riparte dall'uomo primitivo parlando questa volta di religione. Perché ritornare sulla religione (che per Hegel include anche l'Arte) dopo che nel capitolo precedente si è appena finito di dimostrare che essa è destinata a sparire nel futuro Stato Omogeneo Universale?

Hegel si sta muovendo dalla descrizione dello sviluppo dello Spirito dal punto di vista antropologico e storico a quello della storia delle idee o, per dirla con Hegel, del Concetto ("Begriff"). Nell'età dell'Intelletto, che coincide con l'era cristiana, la Religione e in particolare la sua forma più pura incarnata dal Cristianesimo luterano fornisce la migliore rappresentazione dello Spirito "come visto da se stesso dall'esterno".

I cristiani per Hegel contemplano la vera natura dello Spirito (attraverso i concetti di Trinità e Incarnazione) ma la situano in un'eternità separata priva di contatto con il mondo reale che porta come ultimo risultato la "coscienza infelice" del cristiano.

Hegel non considera mai la religione come una pratica superstiziosa o una consolazione per caratteri deboli. Al contrario, la religione è una delle tappe necessarie che l'uomo deve attraversare per poter giungere all'Autocoscienza. Viceversa, il sapere definitivo di Hegel può apparire solo in una società che ha riflettuto appieno sui concetti di Trinità e Incarnazione e li ha sviluppati in una Teo-logia compiuta che Hegel può infine trasformare in una Antropo-logia sostituendo lo Spirito Santo con lo Spirito Assoluto e mantenendo la struttura dialettica spiegata "dal di fuori" dai teologi.

Hegel riconosce parimenti che la tradizione giudaico-cristiana ha concepito per prima l'idea di uomo come agente libero e storico ma non ha risolto la contraddizione di questa visione con la sua coesistenza con un mondo eterno da cui si dipende. Per Hegel questo conflitto tra la concezione storica giudaico-cristiana e l'approccio concettuale greco non è mai stato veramente risolto fino naturalmente alla pubblicazione della PhG. Prima di addentrarci nella sintesi fornita da Hegel occorre aprire una piccola parentesi sul "concetto di Concetto" e sulla sua evoluzione nel corso della storia della filosofia.

Breve storia del Concetto

Cominciamo a definire il significato di Concetto con la C maiuscola. Il Concetto è per Hegel l'intero sistema delle idee con tutte le loro interrelazioni che opportunamente articolate consentono di fornire una rappresentazione veritiera della Realtà.

Così "cane" rappresenta il concetto di un animale peloso a quattro zampe che aiuta l'uomo in una serie di attività. Il concetto di "cane" può poi essere associato con una serie di altri concetti come "guardia", "animale da compagnia", "pastore" per formare una serie di affermazioni sul Mondo. In primo luogo, i concetti sono sempre sostenuti da parole, e viceversa le parole significano qualcosa se e solo se possono essere associate a concetti, altrimenti sono solo una sequenza di suoni incomprensibili.

In altre parole, un concetto è la definizione di una relazione tra ogni singola cosa e quella che possiamo chiamare la sua "essenza", senza spingerci oltre nella definizione di quest'ultima. E' interessante notare che l'etimologia di "concetto", dal verbo latino "cum capio", "afferro con me", rispecchia esattamente il verbo tedesco usato da Hegel, "Be-greifen" e il sostantivo derivato "Begriff". Entrambi veicolano il processo di appropriazione o "Er-innerung" collegato a ogni efficace apprendimento, che ha successo quando trasforma chi impara in qualcosa di diverso da quello che era prima di aver colto la nuova informazione attraverso un'esperienza mediata da un giudizio astratto.

Inoltre, mentre è chiarissimo dove si situano nel mondo reale le cose rappresentate dai concetti, non è per nulla evidente dove esistano fisicamente i concetti e il loro Concetto complessivo. Il problema sorge dall'osservazione che mentre i singoli oggetti rappresentati sono transitori, i concetti stessi non mutano e restano però in relazione diretta con gli oggetti reali. L'interrogativo sulla dimensione del reale cui andasse riferito il Concetto ha sollecitato la filosofia sin dalle sue origini e vi sono state fondamentalmente quattro tipi di risposta con alcune varianti.

1) Il Concetto è l'Eternità (Parmenide e Spinoza)
2) Il Concetto è eterno e
   a. Si riferisce a un'Eternità fuori dal Tempo (Platone)
   b. Si riferisce a un'Eternità all'interno del Tempo (Aristotele)
   c. Si riferisce al Tempo (Kant)
3) Il Concetto è il Tempo (Hegel)
4) Il Concetto è temporale (Scetticismo)

Iniziamo dall'ultima definizione. Secondo questa visione, i concetti sono semplici generalizzazioni di quanto osserviamo nel reale, il che significa che non solo i concetti nascono e muoiono con il mondo che descrivono ma anche che essendo legati sempre e comunque a circostanze contingenti non possono dare luogo a strutture perennemente vere o false.

Siamo insomma in un mondo in cui l'unica verità è che non esiste verità, per cui filosofia, religione e tutto il resto sono come dice Shakespeare, "una favola raccontata da un idiota che non significa nulla". Evidentemente questo mal si concilia con il tempo che ho dedicato alla stesura di questo libretto e al tempo che il lettore sta dedicando alla sua lettura, perciò, ancorché possibile, questa ipotesi non ci soddisfa appieno. Lasciamola quindi da parte e passiamo alle altre. Passiamo alla prima, che porta anch'essa a una lampante contraddizione con l'esperienza di vita quotidiana.

Dire che il Concetto è l'Eternità (e non che è eterno, ovvero che ha alcune delle qualità dell'Eternità) significa sostanzialmente dire che siamo tutti Dio, dato che siamo tutti capaci di afferrare e mettere insieme delle idee, per quanto semplici. Ora questa non è esattamente la sensazione che si prova ogni lunedì mattina andando al lavoro, e la conseguenza immediata se si vuole tenere la posizione è che tutto quanto vediamo, facciamo, amiamo e odiamo nella nostra vita quotidiana è un'illusione, creata in qualche maniera imperscrutabile dallo sviluppo di Dio nell'Universo (che ovviamente coincide con Dio stesso).

Spinoza spiega come questo può accadere nella sua "Etica", quindi ne dobbiamo dedurre che Spinoza era Dio, affermazione che egli peraltro negò decisamente. Esaminiamo ora più in dettaglio la seconda possibilità, che afferma che il Concetto è eterno (quindi nel nostro mondo temporale è valido sempre e ovunque) ma non è l'Eternità stessa, e si mette in relazione con un'Eternità posta al di fuori del Tempo.

Questo modello è stato proposto per la prima volta da Platone nel mito della caverna, e si percepisce in un certo modo quando si studia la matematica. Si imparano assiomi e teoremi dell'algebra e della geometria nel Tempo e usiamo parole e segni contingenti per descriverli, eppure non possiamo sfuggire all'impressione che il sapere che si dispiega davanti a noi è valido ovunque e per sempre e ancora più forte è l'impressione che stiamo in realtà scoprendo qualcosa che vive indipendentemente da noi stessi.

Platone generalizza quest'intuizione a tutti i concetti e afferma che da qualche parte fuori del Tempo esiste un mondo di Idee eterne a cui tutti i nostri concetti terreni si riferiscono. Come si spiega nei fatti l'interazione tra Eternità e Tempo? Come può l'Eterno saltare all'interno del Tempo senza ricorrere a concetti come l'Incarnazione della Teologia cristiana (un mistero per definizione)?

Inoltre, da un punto di vista più antropologico questa definizione di Concetto mal si concilia con la spiegazione della libertà e creatività umane. Se i concetti esistono in questa Eternità esterna al Tempo che in modi misteriosi riesce a comunicare con la nostra realtà, non abbiamo molto altro da fare che scoprire progressivamente tutto quello che è scolpito da sempre in questo "spazio esterno".

Non siamo stati noi a inventare automobili e aeroplani, li abbiamo semplicemente scoperti dato che esistevano da sempre in questo "limbo eterno" (insieme a un mucchio di altre cose che oggi nemmeno immaginiamo).

Subito dopo Platone, Aristotele si rende conto delle contraddizioni e modifica il modello: il Concetto è sempre eterno, si riferisce sempre all'Eternità ma questa volta l'Eternità è dentro il Tempo. In altre parole, per Aristotele l'Eternità è l'illimitata estensione in avanti e all'indietro del Tempo. L'idea di cane è eterna perché a ciò che chiamiamo "cane" corrisponde nel mondo reale il fatto che la specie "cane" esiste ed esisterà per sempre. L'Eternità nel Tempo per Aristotele significa l'eterno rinnovamento delle specie viventi e la sostanziale immutabilità (concettuale) delle cose inanimate, il che garantisce il fondamento epistemologico della verità. Il modello di Aristotele finisce però sotto gli attacchi incrociati di chi vuole ricondurlo a quello platonico o a quello scettico. Infine, il modello aristotelico non risolve i dilemmi antropologici presentati da Platone: se i concetti sono sempre e comunque riferiti a un'Eternità esterna a noi, il margine di manovra per la libertà umana e quindi per la possibilità di fare storia si riduce sempre al lumicino.

Partendo da questa constatazione, Kant riferisce per la prima volta il Concetto non a qualche tipo di Eternità ma al Tempo stesso. Ricordiamo brevemente la differenza tra Tempo e temporalità. Tutto quanto è soggetto al Tempo è temporale, ovvero compare, muta ed infine scompare nel flusso del divenire. Ma il Tempo stesso non è temporale, o almeno non in modo ovvio. Kant osserva inoltre che i concetti compaiono in ben precisi istanti di tempo quando sono espressi in libri, discorsi e lezioni e che la produzione o creazione di concetti (ovvero il pensiero) richiede a sua volta tempo.

I concetti non compaiono dal nulla nel pensiero umano ma richiedono una serie di pre-condizioni (gli schemi "a priori", tra cui il tempo) oltre all'interazione con i singoli oggetti temporali (l'intuizione) per potersi configurare nella mente umana. Kant riassume il tutto con la frase "Il Concetto senza l'Intuizione è vuoto, l'Intuizione senza il Concetto è cieca". Con la promozione operata da Kant del Tempo a ingrediente essenziale per l'esistenza del Concetto Hegel è in condizione di completare la sua rivoluzione.

La rivoluzione di Hegel

Hegel definisce il Concetto nella PhG con una delle sue frasi più corte, criptiche ed evidentemente meglio meditate. "Die Zeit ist der Begriff selbst der da ist" che tradotto significa "il Tempo (die Zeit) è il Concetto stesso (der Begriff selbst) che esiste empiricamente (der da ist)".

"Dasein" è ogni esistenza individuale, io e te siamo (anche) "Daseine" dell'idea di Uomo. Dopo la sfida di

39

Kant, Hegel va oltre e identifica completamente Tempo e Concetto con un balzo che lo mette allo stesso livello di Platone e Aristotele. Cosa significa per noi? Innanzitutto, bisogna tener presente che il Tempo per Hegel non è il tempo assoluto degli astronomi che misurano l'età dell'Universo in miliardi di anni e nemmeno quello dei paleontologi che lavorano su scale di centinaia di milioni di anni, né tantomeno quello dei fisici nucleari che frantumano il tempo nelle sue frazioni più minute per spiegare la dinamica delle particelle.

Il Tempo di Hegel è sempre il Tempo della Storia umana, misurato nei secoli e millenni in cui si sviluppano le nazioni e le idee. Come si formano le idee? Come Kant, Hegel osserva che il processo di creazione dei concetti da parte dell'Intelletto implica sempre il distacco del significato dalla cosa che lo rappresenta al momento attraverso una qualche forma di discorso, così che Hegel afferma che il concetto è in qualche modo l'uccisione della cosa che esso rappresenta.

Il singolo cane mangia, abbaia, scodinzola. Il suo concetto o idea non fa nulla di tutto questo. Per essere in grado di poter distaccare il significato di una cosa occorre però che essa sia finita, temporale. Naturalmente, non è necessario uccidere il cane per afferrarne l'idea, e neppure dobbiamo aspettare che esso muoia (anche se, come fa notare Kojève, prima o poi la comprensione di ogni entità si misura con la necessità di procedere alla sua dissezione fisica). Ma per procedere all'operazione di distacco del significato per trasferirlo in un discorso a sua volta correlato ad altri significati è essenziale che la cosa sia temporalmente limitata o situabile in un orizzonte temporale.

Questo orizzonte non deve necessariamente coincidere con quello della nostra vita biologica, anzi, possiamo osservare e concettualizzare oggetti che si sono già estinti prima della nostra comparsa o che appariranno in un remoto futuro, la sola condizione è quella di poterli inserire in un orizzonte temporale. A differenza di Aristotele che postulava l'eterna esistenza delle cose in quanto specie, Hegel può spiegare perché possiamo in realtà sviluppare il concetto di dinosauro anche senza mai averne visto uno e addirittura in assenza di resti fossili. Due cose sono dunque necessarie affinché il Concetto possa apparire nel Reale (inteso come Totalità di tutto ciò che esiste): la temporalità di tutto quanto vi è in esso contenuto e l'esistenza di un agente capace di staccare i Significati dai singoli oggetti man mano che essi vengono annichiliti dal flusso del Tempo. Usando la stessa immagine adoperata da Hegel, il Concetto si forma nella Realtà allo stesso modo in cui l'arcobaleno si forma sopra la cascata del Tempo dove il Presente si annichilisce continuamente nel Passato. L'agente del Reale che ne estrae i concetti è evidentemente l'uomo, e in particolare quell'uomo che, dopo aver intrapreso una Lotta a morte per il desiderio di riconoscimento ed essere uscito sconfitto è ora costretto a lavorare al servizio del suo Signore.

Solo attraversando gli stadi della Lotta e del Lavoro e sottoponendosi alla forza trasformativa dell'Azione l'uomo arriva a sviluppare le sue capacità concettuali. Il processo di concettualizzazione è a un tempo l'interiorizzazione di ciò che ci circonda nella sua forma astratta (distaccata dalla cosa reale) e la fondazione della memoria (le due parole in tedesco di fatto coincidono, Er-innerung per interiorizzazione e Erinnerung senza il trattino per memoria), ed è volto sempre a perseguire un ben specifico progetto di trasformazione della realtà. Ricordiamo che gli uomini per Hegel vivono il Tempo come un movimento che parte dal Futuro come un progetto che ancora non esiste, passa dal Passato come verifica dalla memoria storica per infine determinare il corso del Presente.

In altri termini, il Presente è il luogo determinato dall'opposizione tra l'anticipazione del Futuro e la memoria del Passato. Abbiamo già visto che il risultato del progetto trasformativo del reale per Hegel è l'agire storico: quindi la temporalità del mondo e la natura trasformativa e storica dell'uomo non possono che condurre alla nascita dei concetti prima e infine al sorgere del Concetto o il resoconto veritiero e definitivo di tutto quanto esiste in quel punto della Natura e del Reale che è l'uomo e in nessun altro luogo al di fuori di lui.

Quindi Concetto e Tempo sono la stessa cosa: il Tempo è il luogo della Realtà in cui il Concetto s'incarna, o equivalentemente il Concetto è il significato distaccato di tutto quanto si muove nel Tempo, spiegando infine la frase con cui siamo partiti, "il Tempo è il Concetto stesso dato nella sua esistenza empirica". Perché la filosofia ha impiegato 2500 anni per arrivare a formulare la terza ipotesi? Perché in fondo questa possibilità implica l'essenziale temporalità e finitezza dell'uomo come abitante del Tempo. Perché sia capace di produrre concetti e idee è infatti necessario che egli sia mortale e limitato.

Le persone non accettano la morte fino all'ultimo istante e la filosofia non ha fatto eccezione. A posteriori, Hegel avrebbe anche apprezzato il concetto di morte come "il miglior modo per la vita di introdurre novità nel mondo" espresso da Steve Jobs nel discorso di accettazione della laura honoris causa a Stanford nel 2004. Hegel avrebbe probabilmente chiosato che la morte è in effetti la condizione necessaria affinché l'Eternità e la verità (nel senso del Concetto) si manifestino nel Tempo.

L'ontologia del Concetto

Terminiamo con un'ultima digressione sulle implicazioni ontologiche del Concetto in Hegel, ovvero quale tipo di struttura fondamentale del Reale essi sottendono. Riferire i concetti al Tempo significa dare una struttura trinitaria all'Essere (o alla Totalità del Reale): l'Essere stesso, il suo Concetto e infine la sintesi dei due ovvero l'Essere che si ri-unisce o ri-comprende il suo Concetto.

Partiamo dal Concetto dell'Essere. Possiamo vederlo come l'Essere staccato dal suo essere, ma ancora qualcosa di diverso dal Nulla o dallo Zero. Come si può staccare l'esistenza dall'Essere? Ciò è possibile solo se esiste il Tempo, ossia se in ogni istante la Realtà si annienta nel Passato. Abbiamo visto nell'ultimo paragrafo che questa è la condizione per il sorgere dei concetti e infine del Concetto. Per completare il processo, dobbiamo riconciliare il Concetto di Essere con la sua Realtà.

Questo è esattamente l'ultimo passo compiuto dallo Spirito nella sua auto-rivelazione che Hegel descrive nella Logica. Ma una Realtà con una struttura dialettica e ancorata nel Tempo non può non rivelarsi a se stessa se non attraverso un processo storico che è esattamente quanto descrive la PhG.

Viceversa, un Concetto o uno Spirito che si evolvono secondo le leggi esposte nella PhG non possono che essere l'espressione e l'autorivelazione di una Totalità che ha la struttura descritta nella Logica. In una delle sue lettere, Hegel definisce la Logica come "il pensiero di Dio prima della creazione del mondo" ed è facile stabilire il parallelismo tra la Trinità cristiana e quella hegeliana, dove la Totalità padre genera (ma non crea, dato che sono la stessa cosa) il figlio Concetto (che ha bisogno del Tempo per incarnarsi) ed infine si riuniscono nello Spirito che crea e sostiene il mondo. Per

43

Hegel questo non è per nulla casuale, giacché la Religione è lo Spirito "visto dal di fuori di se stesso".

Il fallimento del monismo

Dopo aver formulato con la dialettica un formidabile principio di interpretazione della storia e della filosofia ed averne poi dedotto un'ontologia coerente, Hegel non resiste alla tentazione di estendere il meccanismo dialettico alla natura, seguendo la tradizione greca del monismo, o il postulato per cui tutta quanta la Realtà è soggetta ad un unico principio organizzativo.

Purtroppo per Hegel il suo tentativo fallisce miseramente rispetto al modello rivale di Newton, che seguendo Galileo parte dal presupposto che il principio organizzativo della Natura non sia la dialettica ma la matematica. La fisica moderna porta quest'ipotesi alle estreme conseguenze, al punto che alcune aree della Natura sono spiegate da formalismi matematici che non possono nemmeno essere tradotti nel linguaggio umano (suprema espressione del Concetto) a prezzo di incorrere in affermazioni contraddittorie come quelle della meccanica quantistica per cui le particelle subatomiche sono a un tempo onda e corpuscolo.

Nella sua opera Kojève riconosce il dilemma e nel corso delle sue lezioni propone un approccio "multi verso" alla Realtà, dove la natura non –animale resterebbe spiegata al livello fisico-matematico di Platone, quella biologica, governata dal concetto di specie, ricadrebbe nel quadro aristotelico e infine l'umanità e la storia seguirebbero il modello dialettico hegeliano.

Se da una parte questo sembra un compromesso accettabile e in accordo con i dati reali, esso lascia tuttavia aperte molte questioni.

Perché il Reale ha bisogno di una struttura esplicativa a strati epistemologicamente discontinui per la sua comprensione?

Queste discontinuità riflettono discontinuità nella sua struttura? In caso affermativo, come si identificano le "novità ontologiche" introdotte in ciascun livello della realtà? Che cosa scatena questi "salti quantici" dagli atomi alla chimica alla vita animale fino alla storia umana? Si possono identificare e misurare?

Insomma, la filosofia non è finita con Hegel.

L'eredita' di Hegel: i fedeli entusiasti

In generale, gli entusiasti appartengono ai campi delle discipline storiche e sociologiche. Grossomodo, possiamo dire che tutti condividono la fiducia nell'essenziale correttezza del metodo sviluppato da Hegel per dedurre le leggi storiche: per prima cosa, definire il meccanismo fondante la natura umana.

Poi, definire come questo meccanismo genera le idee collettive e la loro evoluzione e infine come le società evolvono in risposta a queste ultime fino a quando raggiungono lo stato in cui la natura dell'uomo è finalmente soddisfatta e la storia come processo ha termine.

Ovviamente, cambiando il meccanismo antropogenico o le leggi dell'evoluzione delle idee si possono raggiungere conclusioni molto diverse ma in termini matematici è un puro cambiamento di parametri in un'equazione che non muta.

Karl Marx

Marx (1818-1883) è il più celebre discepolo di Hegel e quello con il maggiore impatto sulle ideologie contemporanee. Marx adotta integralmente l'antropologia hegeliana basata sulla dialettica Servo-Signore e la visione dell'uomo come essere la cui essenza è il Lavoro.

Avendo studiato le opere degli economisti classici inglesi (Smith, Ricardo e Malthus) Marx critica Hegel per aver sottovalutato l'importanza dell'economia nel processo di costruzione delle ideologie e quindi enfatizza la necessità di cambiare anche la struttura della proprietà dei mezzi di produzione per raggiungere il vero compimento della storia.

La Rivoluzione francese è ancora incompiuta, perché ha fallito nel mutare le strutture della proprietà dei mezzi di produzione che sono rimasti saldamente nelle mani della borghesia escludendo il proletariato.

Marx condivide con Hegel lo scopo finale della storia umana, ossia l'avvento dello Stato Universale Omogeneo in cui gli uomini saranno infine liberati dalle necessità materiali (anche qui si sente l'influenza degli economisti inglesi) e vivranno nel mutuo riconoscimento. Tale obiettivo si raggiunge tipicamente con lotte e rivoluzioni, tuttavia Marx e la corrente socialista riformista dopo di lui non ritiene la violenza strettamente necessaria. Dando prova di maggior realismo storico, Hegel sostiene invece che non può esserci vera rivoluzione senza spargimento di sangue poiché solo la Lotta a morte permette al meccanismo antropogenico di far evolvere l'uomo.

Da un punto di vista più metafisico, Marx spinge all'estremo il materialismo già presente implicitamente nel pensiero di Hegel sostenendo che tutta la genesi delle idee (e quindi lo sviluppo dello Spirito) può in ultima analisi essere ricondotta alla particolare configurazione della proprietà dei mezzi di produzione presenti in una data società.

Max Weber

All'inizio del 1900 il sociologo tedesco Max Weber (1864-1920) fornisce l'antitesi al materialismo dialettico nella sua opera "L'etica protestante e lo spirito del capitalismo". Weber usa Spirito nel suo pieno significato hegeliano, la sintesi consapevole di una mentalità collettiva applicata questa volta alla visione di sé tipica delle società capitalistiche.

Weber concorda con la definizione di capitalismo di Marx inteso come società i cui membri hanno come scopo ultimo quello di massimizzare l'accumulo del loro capitale. Ma Weber dimostra che Marx si sbaglia quando sostiene che questa mentalità sorge come puro effetto della struttura della proprietà dei mezzi di produzione. Al contrario, alcuni elementi chiave necessari alla nascita e all'espansione del capitalismo devono essere attribuiti a cause e atteggiamenti puramente culturali presenti nelle correnti pietistiche del protestantesimo.

Se i Padri Pellegrini fossero stati determinati solo dalle condizioni materiali, sostiene Weber, non avrebbero fondato l'Università di Harvard appena sbarcati nel 1618 sulle allora inospitali coste del Massachusetts. Naturalmente molte altre condizioni si sono dovute verificare per permettere all'America di diventare la società capitalistica egemone nel mondo, ma lo scopo di Weber è piuttosto quello di riabilitare il ruolo del desiderio nello sviluppo umano che Marx aveva ridotto alla struttura dei mezzi materiali.

Nello stesso modo la religione, lungi da essere l'oppio dei popoli, è condizione necessaria per permettere loro di raggiungere lo Stato Universale e Omogeneo che realizzerà infine il sogno del Paradiso terrestre.

Alexandre Kojève

Figlio di un ricco commerciante russo e nipote del pittore Kandinsky, Kojève (1902-1968) lascia il paese immediatamente dopo lo scoppio della Rivoluzione e si stabilisce in Germania, dove frequenta i corsi di filosofia di Karl Jaspers all'università' di Heidelberg.

Il patrimonio residuo gli permette di dedicarsi completamente agli studi sino a quando quanto resta della sua fortuna è distrutto nella crisi finanziaria del 1929. Costretto a lavorare per mantenersi, Kojève riesce ad ottenere una posizione da assistente all'Ecole de Hauts Etudes di Parigi, dove tiene un seminario annuale sull'interpretazione della PhG.

In breve le sue lezioni sulla PhG diventano uno dei corsi più frequentati della facoltà avendo tra i suoi

48

studenti alcuni dei più brillanti intellettuali francesi ed europei degli anni 50 (ricordiamo tra gli altri Hannah Arendt, Maurice Merlau-Ponty, Raymond Queneau e Raymond Aron).

Kojève accetta senza riserve i principi cardine dell'antropogenesi di Hegel e parole come "lotta", "lavoro", e "rivoluzione" hanno avuto nel suo caso un'incidenza esistenziale. Leggendo le sue lezioni si percepisce a volte come un senso di pace che emana da uno spirito che sembra aver trovato una spiegazione e un significato alle peripezie cui è andato incontro.

Kojève arriva al punto di prendere lezioni private nell'allora esoterico campo della fisica quantistica al solo scopo di mostrare che anche le posizioni più insostenibili di Hegel sulle scienze naturali avevano in fondo una qualche ragion d'essere.

Per meglio contribuire al raggiungimento dello Stato Universale Omogeneo Kojève non esita dopo la fine della seconda guerra mondiale a lasciare l'insegnamento universitario per ricoprire il ruolo di negoziatore del Ministero degli Esteri francese presso la neonata Comunità Economica Europea, l'istituzione che con la forza economica tedesca e la cultura francese si sarebbe infine trasformata nell'Unione Europea.

Insomma, coerentemente a quanto va insegnando, Kojève si rende conto che serve ancora molto Lavoro e Lotta diplomatica per realizzare la visione di Hegel di compimento della storia. In questo ruolo, Kojève ha occasione di viaggiare negli Stati Uniti, nell'allora Unione Sovietica e in Giappone e queste esperienze gli consentono di rettificare parzialmente la sua visione sullo stato dell'uomo alla fine della storia.

Mentre Unione Sovietica e Stati Uniti confermano la visione hegeliana di un futuro fatto da un'umanità' ricca e senza classi (i sovietici per Kojève sono sostanzialmente americani non ancora arricchiti mentre

49

gli americani sono capitalisti non ancora consapevoli di aver abolito il sistema delle classi) il Giappone gli pone un problema apertamente riconosciuto e analizzato in una nota all'edizione del 1958 della sua "Introduzione alla lettura di Hegel".

Kojève ammette che il modello hegeliano di società umana "alla fine della storia" non supera il test della società giapponese, poiché essa, pur essendo completamente riconciliata da un punto di vista storico da oltre 300 anni ha comunque sviluppato un sistema di istituzioni puramente formali (ad es. il teatro Obi o il rito del tè) al solo scopo di mantenere una struttura sociale gerarchicamente differenziata (ovviamente Kojève considera le guerre esterne condotte dal Giappone nel periodo 1851-1945 come pura perturbazione esogena indotta delle influenze occidentali).

La sua conclusione è che esiste la possibilità che nel mondo pienamente riconciliato alla fine della storia l'umanità evolva in una struttura sociale dove il conflitto è sostituito dallo snobismo come estrema forma di soddisfazione dell'orgoglio umano.

Kojève muore a Bruxelles in missione di Stato mentre a Parigi l'ondata di rivolta del maggio studentesco rimette ancora una volta in moto l'eterna lotta di riconoscimento del Servo nei confronti dei suoi mille Signori.

Ernst Juenger

Ernst Juenger (1895-1998) parte volontario a 19 anni per il fronte francese e racconta le sue esperienze di guerra nel suo primo libro "Nelle tempeste di acciaio". Patriota convinto, descrive l'evoluzione della Germania negli anni Trenta verso una società fatta da lavoratori il cui scopo ultimo è di servire i soldati nella mobilitazione totale, fornendo un quadro lucido e visionario allo stesso tempo di cosa significhi la realizzazione della forma concreta dello Stato Omogeneo Universale nella Germania nazista.

Dopo aver servito come ufficiale dell'esercito per tutto il secondo conflitto mondiale (in cui perde il primo figlio Ernstel), Juenger si impegna in un dibattito pubblico con Martin Heidegger sulla prospettiva per la Germania e più in generale per tutto l'Occidente di muoversi oltre il nichilismo.

Forse la sua più originale allusione a Hegel è contenuta nel romanzo breve "Il problema di Aladino". L'autore immagina che in un non lontano futuro un'azienda chiamata "Terrestra" costruisca in Turchia il più grande cimitero sotterraneo del pianeta. Grazie alla particolare morfologia del terreno scelto le tombe costruite dalla "Terrestra" sono di fatto eterne e in brevissimo tempo la compagnia è letteralmente sommersa da milioni di richieste provenienti da persone di tutti i Paesi che corrono ad acquistare loculi e spazi funebri per se stessi e i loro parenti.

L'enorme successo commerciale rivoluziona ovviamente l'economia della regione prescelta, che si trova ora al centro di una vorticosa attività di imprese di ogni tipo, volte a garantire tutto quanto serve a gestire l'imponente afflusso di salme e pellegrini. In termini hegeliani, questo Cimitero Universale rappresenta alla perfezione il Concetto dello Spirito creato nel presente dalla memoria del passato e dall'anticipazione del futuro ultimo, ovvero la morte.

E'chiaramente un esempio estremo, ma è anche vero che tutte le società che raggiungono l'apice del loro sviluppo mostrano poi segni di indebolimento demografico, con tassi di natalità calanti e una tendenza alla stabilizzazione e riduzione della popolazione.

Francis Fukuyama

Fukuyama (1952) è uno storico e politologo americano che diventa improvvisamente noto al grande pubblico nel 1992 con la pubblicazione del libro "La fine della storia e l'ultimo uomo".

Fukuyama nella sua opera riconosce apertamente il suo debito verso Hegel e vede come "Napoleone contemporaneo" la democrazia liberale degli Stati Uniti uscita vittoriosa dal suo scontro con il comunismo sovietico. Fukuyama definisce la fine della storia come fine della ricerca del modello di società cui tendere e non come fine di guerre, crisi e sofferenze.

Nel 1992 l'economia, la scienza e la liberaldemocrazia sembrano fornire la struttura perfetta per rispondere a tutti i bisogni umani, forse già nell'arco di una generazione. Oggi sappiamo che ancora una volta l'obiettivo si è spostato e che anche i mezzi per raggiungerlo forse non erano adeguati. Lo stesso Fukuyama nelle sue opere successive ammette i fallimenti del capitalismo nel creare e ancora di più nel distribuire efficacemente la ricchezza prodotta, la pericolosa tendenza della scienza alla manipolazione incontrollata mentre la democrazia liberale è ancora ben lungi dall'essere un valore universale, come la Cina e le vicende del Medio Oriente ci mostrano ogni giorno.

L'eredita' di Hegel: i detrattori

La critica anti-hegeliana si rivolge con maggior virulenza a due aspetti del pensiero hegeliano: il primo è la nozione stessa di Spirito, che viene visto come l'ennesimo idolo astratto creato dalla filosofia che, memore della lezione di Guglielmo da Occam, non dovrebbe mai spingersi a ipotizzare entità semi-personali dove non se ne constati l'effettiva esistenza.

Il secondo attacco è in genere più sfumato e riguarda la natura del principio antropogenico. Mentre si riconosce come valido il tentativo di spiegare il sorgere della razionalità e più in generale dell'anima umana da un substrato irrazionale pre-umano, si tende a ridurre questo principio a cause più semplici e più direttamente riconducibili al mondo animale. A detta degli avversari il desiderio di riconoscimento di Hegel è già troppo connotato metafisicamente.

Arthur Schopenhauer

Contemporaneo di Hegel, Schopenhauer (1788-1861) è il primo a mettere radicalmente in questione l'intera costruzione della filosofia dello Spirito sostenendo che prima del desiderio di riconoscimento la vera forza guida dell'uomo è la volontà di vivere, crescere ed espandersi, prima come individuo poi come famiglia e infine come nazione. Questa porta inevitabilmente alla competizione e al conflitto e a differenza di Hegel per Schopenhauer non esiste la garanzia del lieto fine nell'universale riconoscimento dello Spirito del mondo quanto piuttosto un'infinita successione di rappresentazioni ("Vorstellungen") sempre mutualmente contraddittorie. Unica via di uscita da questa perenne fabbrica di miseria e infelicità è combattere la sua origine, ovvero la volontà stessa di vita. Brillante orientalista, Schopenhauer introdusse nel pensiero europeo i concetti buddhisti e vedici di nirvana o annichilimento del desiderio.

Soeren Kierkegaard

Considerato il padre dell'esistenzialismo moderno, Kierkegaard (1813-1855) contesta il concetto di Spirito assoluto di Hegel indipendente dalla contemporanea presenza di un soggetto individuale e personale che ne faccia esperienza.

Non c'è differenza tra il soggetto e la verità che esso esprime così come non si danno verità se non si trovano soggetti (ovvero persone in carne ed ossa) disposti a servirle fino all'estremo sacrificio. Per Kierkegaard dedicazione assoluta alla verità della fede e del Cristianesimo significa rompere il lungo fidanzamento con la sua amata Regina Olsen ed uscire dalla Chiesa nazionale di Danimarca.

La religione, lungi dall'essere l'anodina esposizione di una Teologia fatta in un'aula universitaria è prima di tutto una decisione personale che richiede un salto nella percezione di sé nel rispondere a una chiamata. E questa decisione di rispondere, come Abramo che è pronto a sacrificare il figlio Isacco in risposta alla chiamata di Dio, non ha nessun fondamento razionale e nemmeno la dialettica con il suo schema di tesi e antitesi ricomposte in una sintesi superiore è in grado di illuminarci.

Esiste sempre un elemento di imprevisto e imponderabile in ogni evento significativamente umano che dipende dal singolo individuo e non da un Sistema che si sviluppa attraverso e fuori di noi.

Friedrich Nietzsche

Nietzsche (1844-1900) si afferma inizialmente come filologo classico ottenendo a 28 anni la docenza universitaria e subito dopo si dedica allo studio della filosofia di Schopenhauer cui presto imprime la sua impronta.

Nietzsche sostituisce l'insistenza di Schopenhauer sul lavoro di ascesi per liberarsi dalla tirannia del desiderio con l'enfasi sul ritorno ai valori primitivi e fondanti l'umanità, in primo luogo la "volontà di potenza".

Di Hegel adotta invece completamente la visione della Cristianità come età definita dalla morale del Servo che va superata ritornando alla primitiva morale degli antichi Signori greci.

Sigmund Freud

Freud (1856-1939) rifiuta di usare qualsiasi entità esterna all'individuo per spiegarne origine e comportamenti e postula l'esistenza dell'Inconscio o Id a fondamento della psiche umana. Rimangono tuttavia profonde ascendenze hegeliane nel suo pensiero, tra cui il concetto di Super Io o l'insieme di valori ereditato e imposto tramite la pressione sociale dal mondo esterno. Il difficile compito dell'Io cosciente è quello di trovare sempre un nuovo precario equilibrio tra gli imperativi del Super Io e le pulsioni erotiche e di morte provenienti dall'Inconscio.

Un'altra somiglianza si trova poi nel suo studio "Totem e Tabù" del 1913 in cui Freud individua come sorgente del processo antropogenico un atto originario di violenza (l'uccisione del padre da parte dell'orda primitiva), concetto che Girard poi sviluppa nella sua opera "La violenza e il Sacro".

Isaiah Berlin

Da campione del pensiero liberale Isaiah Berlin (1909-1997) dichiara apertamente la sua opposizione a Hegel e cerca di demolirne il Sistema attraverso tre linee di attacco principali.

La prima prende di mira il principio stesso della Dialettica, che può sempre giustificare ogni argomento portato contro di essa come un'altra prova che le idee evolvono per opposizione. Insomma, per Isaiah Berlin la Dialettica è altrettanto non falsificabile dell'Inconscio freudiano e quindi va riclassificata come un qualche tipo di letteratura visionaria o mistica laica ma certamente non nel campo del pensiero razionale e deduttivo che delimita la filosofia.

La seconda critica radicale riguarda invece il concetto di successo come unico criterio di giustificazione storica, a prescindere dalla quantità di vittime che questo possa richiedere. Dopotutto, sostiene Berlin, la stragrande maggioranza degli uomini rigetta l'idea che il fine giustifichi i mezzi sempre e comunque, specialmente se questi prevedono il deliberato massacro di innocenti e questo può quindi considerarsi come un espressione del "Geist", o almeno del "Geist" di una parte significativa del mondo. Ritorcendo il metodo di Hegel contro se stesso, Berlin sostiene che nella maggior parte dei casi sono gli Stati e i loro governanti a non essere in sintonia con lo spirito dei loro popoli e non viceversa.

Infine, il terzo punto di conflitto riguarda il concetto di libertà positiva abbracciato da Hegel. Affermare che l'uomo raggiunge la vera libertà solo quando tutti i suoi bisogni fondamentali (quali che essi siano) sono soddisfatti sposta inevitabilmente l'attenzione sul come creare le condizioni più appropriate perché questo possa accadere e come evitare che una volta raggiunte non ci sia involuzione. Se questo è vero in linea di principio, Isaiah Berlin fa notare che storicamente questo ha portato nella maggior parte dei casi allo sviluppo di sistemi politici oppressivi che finiscono per limitare pesantemente le libertà negative (ad es. libertà di parola, associazione, espressione artistica e religiosa) in nome del superiore interesse di una "migliore libertà" che non si realizza mai.

René Girard
Professore di letteratura "prestato" all'antropologia grazie alla sua teoria del capro espiatorio, René Girard

(1923) affronta il tema della relazione tra il suo pensiero e quello di Hegel nella sua ultima opera "Portando Clausewitz all'estremo". In questo libro Girard prova per la prima volta ad applicare la teoria mimetica, concepita inizialmente per spiegare le dinamiche inter-individuali e lo sviluppo delle società primitive, al più ampio campo della dinamica storica generale.

La critica di Girard a Hegel riguarda principalmente la vera natura del desiderio e la dinamica ultima della dialettica. Per Girard il desiderio non è inizialmente un "desiderio di riconoscimento" da parte dell'altro, che presuppone già un'evoluzione della coscienza ma semplicemente il desiderio puro e semplice di qualcosa posseduta da qualcun altro, sia essa una mucca, una donna o una capanna più confortevole. Già a uno stadio animale pre-umano si osserva una proprietà mimetica dei desideri (ovvero vogliamo ciò che vogliono gli altri) che inevitabilmente conduce a rivalità e conflitti.

Ma questi conflitti non si spiegano con la semplice struttura binaria del duello Servo-Signore e possono anzi coinvolgere l'intera comunità generando il caos. L'unico meccanismo capace di mettere fine al caos che insorge nelle comunità in preda alla crisi mimetica è la selezione più o meno casuale di una vittima su cui viene inconsciamente trasferita tutta la violenza latente. Il sacrificio di questo capro espiatorio ristabilisce la pace nella comunità lacerata e crea le condizioni per la nascita del pensiero simbolico, del sistema dei rituali e dei divieti, della religione primitiva e in breve della cultura e della civiltà umana.

Girard riconosce nelle sue opere il debito con il Freud di "Totem e tabù" per aver visto per primo la dinamica del "molti-contro-uno" e non dell'"uno-contro-uno" nella struttura della violenza primitiva. La natura mimetica e contagiosa del desiderio implica anche che essa non si possa risolvere in un confronto finale che porti al mutuo riconoscimento dei duellanti. Per Girard, il desiderio mimetico è sempre all'opera per creare nuova rivalità e se vogliamo chiamare Signore la parte che in un dato istante controlla l'oggetto bramato dal Servo è facile rendersi conto che i due contendenti si scambiano continuamente i ruoli senza garanzia alcuna di una sintesi finale.

Trasponendo questa dinamica inter-individuale al processo storico Girard tende piuttosto ad adottare la prospettiva di Clausewitz da lui illustrata nel trattato "Sulla guerra". Clausewitz (1780-1831) vive parallelamente a Hegel e al pari del filosofo è ossessionato nella sua vita da Napoleone, visto in tutta la sua ambivalenza di odiato nemico combattuto in molte battaglie e di supremo modello di stratega militare e politico.

E'esattamente questa ambivalenza del rapporto mimetico che impedisce ogni possibilità di sintesi finale in cui gli uomini e di conseguenza la storia trovino infine la pace e che invece tiene sempre aperta la possibilità di uno scontro finale autodistruttivo. Con una visione certamente apocalittica, Girard sostiene che l'indubbio progresso dell'umanità nella conoscenza delle leggi e dei meccanismi che governano la storia è controbilanciato dal parallelo aumento della capacità distruttiva e non siamo quindi in una situazione radicalmente diversa in termini di rischio di estinzione da quella cui erano soggetti i nostri antenati cavernicoli.

Nonostante l'invenzione di una miriade di strutture per controllare e incanalare il desiderio mimetico e la violenza che ne può derivare (dalla morale al sistema giudiziario al diritto internazionale) nulla garantisce che una crisi mimetica scatenata tra uomini sufficientemente suscettibili con accesso a mezzi di distruzione sufficientemente potenti non possa portare a una catastrofe globale.

Infine, notiamo che la teoria del desiderio di Girard nasce con lo studio dell'opera di Proust che nella sua "Recherche" mostra come l'intera alta società francese della Belle Epoque, libera dal bisogno ed hegelianamente soddisfatta, sia in realtà dominata da rivalità mimetiche che sfociano inevitabilmente nello snobismo. Quasi a conferma delle osservazioni di Kojève sul Giappone, se per qualche motivo fosse evitata la possibilità dell'autodistruzione, il destino dell'ultimo uomo non sarebbe la pace quanto piuttosto la noia e la frustrazione.

Hegel per il Secolo Globale

Insomma, pro o contro Hegel? Alla fine, decido contro, ma ammettendo prima tutto il fascino del lato oscuro e dedico queste pagine finali al perché dobbiamo studiare e usare le sue migliori intuizioni per difenderci meglio dalle sue illusioni. Iniziamo da qui.

Il lato oscuro di Hegel in incognito

E'facile tracciare l'influenza del pensiero di Hegel nelle concezioni totalitarie del secolo scorso: non è un caso che Hitler titoli "Mein Kampf" il suo programma o faccia affiggere il motto "Il Lavoro rende liberi" all'ingresso dei campi di concentramento. Pratiche simili si possono rintracciare sul versante sovietico della guerra civile europea attraverso le opere tra gli altri di Grossman e Solgenitsin.

Dopo che la storia si è incaricata di eliminare tali mostruosità siamo sicuri che lo Stato Universale e Omogeneo non porta la felicità e meno ancora quelli che si arrogano il compito di condurci alla meta tanto agognata prendendo qualche scorciatoia. Tutto questo è assai facile da riconoscere, ma esistono a mio parere nell'attuale dibattito pubblico approcci non immediatamente riconducibili ad Hegel che invece dovrebbero farci drizzare le orecchie. Provo a fornire tre brevissimi esempi.

Il primo è la tendenza in costante aumento a dare un qualche tipo di inquadramento legislativo a tutte le possibili situazioni etico-esistenziali se non addirittura ai desideri ed alle aspirazioni individuali: possiamo cominciare dalle unioni omosessuali, passare alla regolazione della nascita e della morte assistite, continuare con il dibattito sulla proprietà intellettuale e finire infine in tutte le forme di tassazione proposte sulle abitudini con ricadute socialmente nocive come il fumo e l'alcol (e in Italia forse anche la maionese). Non ho la competenza e neppure lo spazio di affrontare nel dettaglio alcuno di questi temi e non voglio assolutamente minimizzarli o peggio derubricarli come irrilevanti. Noto solamente che la pretesa di trovare una sistemazione legale e il suo inevitabile corollario di premi e punizioni sociali a ogni tipo di dilemma che una persona possa affrontare nel corso della propria esistenza è un puro e semplice atto di fede hegeliana nella suprema intelligenza dello Stato e dei suoi legislatori e dovremmo essere molto cauti prima di procedere a tutta velocità lungo una china che la storia ha mostrato essere molto scivolosa.

Il secondo esempio verte invece sul particolare ruolo che lo Stato ha assunto nell'organizzazione e gestione del sistema educativo. Prima di Hegel non esisteva nulla di lontanamente simile ai moderni ministeri della cultura o pubblica istruzione, al punto che lo stesso Kant per raccogliere il suo onorario alla fine delle lezioni doveva passare con la ciotola tra i banchi dei suoi studenti. Dopo Hegel e la Rivoluzione francese, gli Stati si sono via via impadroniti delle università e delle altre istituzioni culturali creando vasti sistemi educativi per controllare evidentemente la produzione e diffusione all'interno dei loro confini della giusta varietà di Spirito. Questi sistemi persistono sostanzialmente invariati in tutte le democrazie moderne, con il motivo che la presenza assai ingombrante dello Stato è necessaria per garantire l'accesso universale all'istruzione che potrebbe essere compromesso se lasciato solo all'iniziativa privata e che il sistema educativo gioca un ruolo fondamentale nell'integrazione delle diverse classi e culture nelle società moderne, peraltro sempre più multietniche. Le due paroline magiche "universale" e "omogeneo" sono sempre presenti e se rileggete il paragrafo precedente sostituendo la parola "educazione" con "salute" trovate subito un altro lampante esempio di hegelismo contemporaneo.

Il terzo esempio riguarda invece le conseguenze economiche dei primi due. Sovraccaricati da una mole crescente di compiti oltre alla missione originale di garantire il monopolio della violenza dentro e fuori dai loro confini gli Stati sono diventati sempre più pachidermici e insostenibili da gestire, al punto che in tutto il mondo sviluppato il settore pubblico controlla direttamente o indirettamente la fetta più grossa dell'economia riunendo in un groviglio inestricabile la tematica economica e quella politica. Nel 2012 il dibattito pubblico europeo è completamente dominato per il quarto anno consecutivo dalla crisi del debito che è anche uno dei temi centrali della campagna presidenziale americana. Di che stupirsi in fondo, se alla fine della storia il Servo lavora quasi a completo beneficio dello Stato che in cambio lo premia generosamente con la migliore Educazione e Sanità possibili? Sarebbe perfetto, solo che non funziona e così come l'hegelismo politico ci ha lasciato in eredità centinaia di milioni di morti così la sua variante economico-sociale ci sta lasciando un lascito di migliaia di miliardi di debiti.

Certo, una montagna di titoli di stato a rischio di rimborso è sicuramente preferibile ad anche uno solo dei massacri del XX secolo ma non sono affatto sicuro che questa forma di hegelismo morbido impersonato dalla generale e incondizionata fiducia in qualche tipo di istituzione superiore non ponga a lungo termine maggiori rischi per la libertà (negativa e positiva) degli individui dei regimi totalitari del passato. Fortunatamente per noi le istituzioni europee stanno dando sufficiente prova di inconcludenza per far sorgere più di un dubbio nell'opinione pubblica (altro hegelismo) sulle qualità dell'hegelismo di ritorno.

Dallo Spirito Assoluto alla rete di spiriti mimetici

Se c'è una cosa di cui dobbiamo essere grati a Hegel è invece l'aspetto profondamente anti-idolatrico del suo pensiero, la continua insistenza che l'uomo è un animale che non può fare a meno di costruirsi idoli senza rendersene conto. Duecento anni dopo che Hegel ha decostruito per la prima volta la Trinità, gli uomini ascoltano ancora con poco senso critico i loro governi e i loro opinionisti accettando sacrifici enormi (almeno in termini economici) nel nome di entità astratte quali i Mercati o la Stabilità Finanziaria senza rendersi conto del carattere umanissimo e convenzionale di questi esseri imperscrutabili.

Se Hegel ha creato le condizioni perché l'umanità si imbarcasse in una serie di cicli di idolatria ancora più nefasti, mettendo di volta in volta al posto del vitello d'oro la Nazione, la Razza, la Classe, il Libero Mercato, la Democrazia Liberale e ora l'Ambiente egli ha nello stesso tempo anche fornito gli strumenti concettuali che ci permettono di identificare queste tendenze. La lezione più importante forse è l'impossibilità di contemplare la verità "dall'esterno dell'interno" o, come dice Girard, non esiste un punto di vista esterno o un porto sicuro quando riflettiamo su noi stessi. Non possiamo astrarci dall'interazione con gli altri e se non esiste uno "Spirito collettivo" impersonale esiste invece sicuramente la rete di spiriti personali in continua interazione che incide sulla nostra vita quotidiana.

Molta ricerca in campi disparati come la psicologia e l'economia dei mercati azionari sta studiando questi "effetti di rete" usando tecniche che vanno dalla teoria dei giochi alla finanza comportamentale. La rivisitazione delle teorie economiche classiche tenendo contro delle dinamiche di interazione "spirituali" ha portato ad esempio André Orlean ad affermare che una delle ragioni della crisi finanziaria del 2008 fu l'inversione

63

delle normali dinamiche di domanda ed offerta che si può verificare quando entra in gioco la dinamica dell'interazione individuale. Quando le merci diventano sempre più immateriali come nel caso dei derivati finanziari gli aumenti di prezzo in realtà aumentano la domanda perché i prezzi ormai non misurano altro che l'aspettativa di rete o lo "spirito del mercato" più di ogni altro valore economico a essi sotteso.

Conclusione

Siamo infine giunti al termine di questo breve itinerario attraverso il pensiero di Hegel. Spero di essere riuscito a trasmettere almeno una parte del senso di meraviglia e ammirazione che ho provato per il modello che il filosofo di Stoccarda ha creato per spiegare la storia e la razionalità umane come risultato fondamentalmente del suo infinito orgoglio e illimitato desiderio. Nelle sfide e nei problemi del nostro mondo interconnesso e globalizzato penso dovremo trattenere se non le tesi hegeliane almeno il suo approccio di cercare prima i motivi fondanti dell'agire umano e poi derivarne le conseguenze particolari. Prima di discutere di economia e politica, meglio sarebbe forse svelare le carte dell'antropologia sottostante. Ne guadagnerebbe l'onestà del dibattito e la sua rilevanza esistenziale per i singoli uomini.

Bibliografia

"Introduzione alla lettura di Hegel" A.Kojève (Adelphi 1996)

"La libertà e i suoi traditori" I.Berlin (Adelphi 2005)

"Portando Clausewitz all'estremo" R.Girard (Adelphi 2008)

"Dall'euforia al panico – Pensare la crisi finanziaria" A.Orlean (UNINOMADE 2010)

"Networks, Crowds and Markets" by D.Easley and J.Kleinberg (Cambridge University Press, 2010)

http:www.wikipedia.org per le note biografiche.

Potere, Massa, Violenza e Desiderio in E.Canetti e R.Girard

Introduzione

Questo saggio ha un doppio scopo: il primo è di riassumere le idee fondamentali sull'origine del potere e il comportamento delle folle che Elias Canetti raccolse in "Massa e Potere", l'opera che gli valse il Nobel per la letteratura nel 1981.

Il secondo è di mettere in relazione il pensiero di Canetti con quello di un altro grande antropologo e letterato dell'ultimo secolo, René Girard che ha trattato il ruolo della folla nella nascita dei miti e dei riti religiosi. Cerco infine di dimostrare che le scoperte di Canetti e Girard si completano a vicenda per fornire un quadro concettuale coerente anche se paradossale delle dinamiche e delle interconnessioni profonde tra potere, violenza e religione, sia agli inizi dello sviluppo umano che nella conseguente evoluzione storica.

Ho strutturato il saggio nel seguente modo: nel primo capitolo, una biografia essenziale di Canetti. Nel secondo, terzo e quarto capitolo si sintetizzano rispettivamente i concetti di folla, potere e la loro interrelazione come esposta da Elias Canetti. Nel quinto capitolo si procede a comparare il pensiero di Canetti con quello di Girard sul capro espiatorio e sul desiderio mimetico, mentre infine nel sesto capitolo si accennano alcune linee di ulteriore approfondimento sul significato dell'agire politico in senso lato dopo la critica illuminante e desacralizzante che questi due pensatori hanno svolto intorno ad alcune delle categorie fondamentali dell'essere e dell'agire umano.

Cenni biografici su Elias Canetti

Elias Canetti (1905-1994) nacque a Rustchuck (odierna Ruse) in Bulgaria, che allora era parte dell'Impero Ottomano, in una famiglia di ebrei della diaspora spagnola.

Nel 1909 i suoi genitori trasferirono la famiglia in Inghilterra, dove il padre morì prematuramente d'infarto nel 1912. Elias e i suoi due fratelli più piccoli furono allevati dalla madre passando infanzia e giovinezza tra Vienna, Zurigo e Francoforte. Nel 1938 l'annessione dell'Austria alla Germania costrinse Canetti a rifugiarsi in Inghilterra, dove ottenne la cittadinanza. Nel 1988 tornò a Zurigo per trascorrervi gli ultimi anni di vita.

Nel suo romanzo autobiografico "La lingua salvata" Canetti richiama una delle prime esperienze che lo misero a contatto con la folla: nella Vienna dei primi giorni di guerra dell'agosto 1914, i tre piccoli fratelli Canetti ebbero l'infelice idea di mettersi a cantare l'inno inglese nel bel mezzo del Praterpark e furono subito circondati da una massa di passanti furiosi che si trattennero dal passare alle vie di fatto solo per la tenera età dei piccoli cantanti. L'interesse di Canetti sull'essenza del comportamento delle folle riemerse poi nell'adolescenza trascorsa a Francoforte all'inizio degli anni Venti, in cui visse i disordini sociali causati dall'iperinflazione e infine quando prese parte alle dimostrazioni di massa che portarono all'incendio del Tribunale di Vienna il 15 luglio 1927.

Da quel momento il suo interesse intellettuale rimase polarizzato dal chiarire l'essenza della massa e le leggi del suo comportamento e da questo non lo distolsero né gli studi in Chimica né l'inizio della carriera letteraria. Canetti espose i risultati di oltre trenta anni di riflessione nel 1960 con la pubblicazione di "Massa e Potere", opera che egli non considerò mai definitiva al punto da scrivere nel 1980 che l'essenza della massa gli sembrava ancora sfuggire ai suoi tentativi di comprensione.

Massa

Canetti comincia "Massa e Potere" descrivendo l'esperienza psicologica che porta le persone ad unirsi in folla e i vari tipi di folla che possono darsi nella pratica. Nella sua giovinezza Canetti racconta di aver avuto una specie di esperienza mistica in cui si rese conto che l'unirsi in massa è una pulsione fondamentale dell'essere umano e rigettò le tesi della psicoanalisi a lui contemporanea (fu tra i primi a leggere "Introduzione alla psicologia delle masse" di Freud) per il motivo che non poneva la pulsione di massa allo stesso livello di altri complessi fondamentali come l'Edipo.

Perché le persone non resistono al richiamo della folla? Perché per Canetti la folla fornisce un antidoto temporaneo all'inesorabile tendenza alla differenziazione e riporta l'uomo in uno stato di uguaglianza con i suoi simili e in apparente assenza di limiti e confini.

Gli uomini tendono sempre a differenziarsi, sia dal punto di vista sociale, dove rimangono delimitati dai ruoli e dalle responsabilità loro assegnati nelle gerarchie politiche e professionali, sia dal punto di vista cognitivo dove con il tempo si matura una competenza in un ben preciso ambito del sapere, sia anche dal punto di vista affettivo dove passiamo dall'originaria indifferenziazione del neonato rispetto alla madre allo sviluppo della propria unica rete di relazioni familiari e amicali.

Non si tratta qui di stabilire se questo sia un processo lineare o discontinuo, voluto o casuale (presenta infatti tutte queste caratteristiche simultaneamente). Ci limitiamo a osservare che la differenziazione è sempre all'opera, quali che ne siano cause e fini. Eppure, per quanto questo processo sia essenziale per il formarsi della nostra individualità, esso è anche il primo limite al nostro desiderio di assoluta libertà e immortalità, insomma al nostro desiderio in generale (correttezza impone di notare che Canetti non identifica esplicitamente come Girard il desiderio come primo motore umano).

Eliminando ogni distinzione esterna (tutti i membri di una folla sono uguali, a prescindere dalla loro individualità) e fornendo l'esperienza di esser parte di una totalità la massa esaudisce, almeno transitoriamente, questo desiderio assoluto. Il momento in cui un gruppo di persone inizia a sentirsi come un solo ente rinunciando alle singole personalità è definito da Canetti la scarica. Può essere indotto con tecniche specifiche come ad esempio il canto o la marcia o anche l'attacco di una forza ostile come ad esempio la polizia antisommossa. Da questo istante, la massa si comporta e reagisce come un essere singolo. Canetti distingue poi tra la fuga di massa, in cui la folla si sente e comporta come un'unica entità anche in presenza di una minaccia esterna, dal panico che è invece lo stato in cui i membri dalla folla hanno riguadagnato la propria individualità e vedono gli altri come un ostacolo alla propria salvezza. Il caos che segue è quindi la conseguenza dello scoppio della massa piuttosto che la sua autentica manifestazione. La massa può fuggire, riorganizzarsi e reagire ordinatamente a ogni attacco fintanto che essa resta sotto l'effetto della scarica. A un certo punto lo scoppio avviene naturalmente e ogni individuo torna alla sua precedente posizione nella vita e nella società (sempre che l'azione della massa non abbia nel frattempo sconvolto l'ordine pre-esistente).

Canetti passa poi a classificare i tipi di folla sulla base della loro dominante sentimentale e della loro sistemazione spaziale: le masse possono essere aizzate contro un nemico o una classe di nemici ben specifica, o possono essere caratterizzate dal loro movimento verso una meta condivisa, reale o ideale o dalla fuga da una minaccia comune. Esiste poi il caso delle masse doppie, in cui due folle si trovano in equilibrio fronteggiandosi a vicenda. Il concetto di massa doppia si applica ovviamente a tutte le rivalità politiche in senso lato ma si estende anche alle nozioni simboliche fondamentali dei vivi e dei morti o dei maschi e delle femmine. Il sistema parlamentare poi sublima e fissa la doppia massa nei concetti di maggioranza e opposizione in cui lo scontro è precisamente regolato dal meccanismo del voto. Passando infine sul piano dell'evoluzione delle capacità simboliche, Canetti mostra che gli elementi che l'uomo dovette affrontare e dominare nella sua storia (il fuoco, l'acqua di mari e fiumi, la pioggia, gli alberi delle foreste, le sabbie dei deserti, i branchi di animali selvaggi) avevano tutti le tipiche caratteristiche della massa: sono costituiti da componenti elementari ma sintetizzano un comportamento unitario, e si propagano e aumentano in maniera contagiosa travolgendo e inglobando tutto quanto incontrano.

Canetti non spiega come l'esperienza di queste masse naturali abbia influenzato l'uomo primitivo, tuttavia fa risalire all'alba dell'uomo la nascita del "cristallo di massa". Il cristallo di massa nella definizione di Canetti è un piccolo gruppo di persone che si identifica nello scopo della massa e funge da catalizzatore per la sua formazione. Al cristallo di massa corrisponde nella società primitiva la struttura della muta.

In maniera analoga a quanto fatto per la massa, Canetti identifica quattro tipi di muta: la muta di caccia, la muta di guerra, la muta del lamento e la muta di accrescimento. Questi tipi non sono fissi e anzi tendono a trasformarsi l'uno nell'altro. E' interessante notare che mentre la muta di caccia ha delle strutture omologhe nel mondo animale, solo con l'uomo si ha il pieno sviluppo degli altri tre tipi di muta.

Mentre le mute di caccia servono principalmente alle funzioni di sussistenza, le mute di guerra sono dirette esclusivamente verso altri gruppi umani e si scatenano spesso per motivi assolutamente futili e provocatori, al punto che Hegel vi vide i primi segni distintivi dell'emergere del desiderio di riconoscimento.

Anche le gerarchie evolvono rispetto alle mute animali: i capi delle mute di caccia devono gestire con grande precisione la ripartizione della preda e delle spoglie. A differenza di quelle animali, le gerarchie umane non sono fissate per sempre in un preciso ordine ma possono essere rimesse in discussione dall'incessante azione dei desideri e dell'invidia.

L'acquisizione e suddivisione del bottino trasforma la muta di guerra in una muta di accrescimento, cioè un gruppo definito da un rituale teso ad aumentare la quantità di uno specifico bene, sia esso il raccolto, il bestiame, gli schiavi o il tesoro del villaggio.

Per i compagni caduti nella lotta si forma la muta del lamento che ha una doppia funzione: da un lato riaffermare l'unità dei sopravvissuti con i defunti e dall'altro stabilire la massa doppia dei morti verso cui sono transitano le vittime della battaglia. E ovviamente una muta che lamenta i suoi eroi può trasformarsi in una muta di guerra per vendicarli.

Canetti vede anche nella nascita della muta del lamento un modo per scaricare la tensione psicologica che il dolore delle vittime vinte ha provocato, una specie di rituale di purificazione fatto a beneficio dei vincitori. La muta del lamento funge anche da fondazione per il rituale religioso e qui Canetti arriva a sfiorare con 13 anni di anticipo il concetto che poi Girard sviluppa nella teoria del capro espiatorio.

Nell'ultima parte del trattato sulla massa, Canetti lascia l'antropologia primitiva per tornare alle implicazioni contemporanee della massa, affrontando il tema dell'inflazione e dei moderni simboli di massa associati alle nazioni europee.

L'inflazione per Canetti non è solo un problema economico ma un vero flagello esistenziale poiché aggredisce il valore stesso della massa, in altre parole una delle due determinanti assieme all'individualità dell'essere umano. Il primo attacco portato dall'inflazione è la classica svalutazione dei beni, come ad esempio i conti correnti denominati in una certa valuta. Oltre le implicazioni pratiche, la svalutazione attacca la dinamica atavica del continuo accrescimento del tesoro personale che deve avvenire nel corso dell'esistenza, cosa che in genere accade se l'inflazione è tenuta sotto controllo. In secondo luogo, l'inflazione attacca quasi su un piano ontologico il valore stesso del numero. Se un milione di euro oggi vale molto meno di un anno fa, la svalutazione investe oltre alla valuta anche il numero stesso. Ma i grandi numeri sono quelli che definiscono le masse, incluse quelle fatte da uomini e non solo da beni o animali. Esiste quindi anche una svalutazione del sentimento di sé provocata dall'inflazione che alla lunga può portare interi popoli a sentirsi svalutati e minacciati, e quindi automaticamente in cerca di nemici cui addossare la colpa. Questo processo è esattamente quanto secondo Canetti accadde in Germania con l'ascesa di Hitler a spese della comunità ebraica.

Le ultime riflessioni sulla massa riguardano i simboli che la evocano immediatamente come sostrato comune ai membri delle varie nazioni europee e precedono ogni altra consapevole e mediata considerazione sulle innegabili affinità storiche e culturali tra gli appartenenti a uno stesso popolo.

Gli inglesi hanno il mare come loro simbolo di massa e più precisamente il comandante di una nave che deve dominare l'oceano stabilendo la sua rotta attraverso le sue insidie.

I tedeschi fino all'ultima guerra avevano come loro simbolo di massa l'esercito, che era a sua volta rappresentato dalle distese di alberi delle foreste. Non è quindi un caso che il primo movimento ecologista europeo sia nato nella Germania del dopoguerra scegliendo come prima battaglia la difesa delle foreste dalle piogge acide.

La Francia moderna si richiama naturalmente alle folle della Rivoluzione, la Svizzera si rispecchia nelle sue montagne mentre l'Olanda si identifica nelle dighe che la proteggono dal mare del Nord.

E'interessante notare che nel 1960 Canetti non è ancora in grado di trovare un simbolo di massa tipico per l'Italia moderna, poiché il tentativo del fascismo di riadattare gli antichi simboli romani come il fascio littorio era miseramente fallito. A posteriori, si può forse dire che l'Italia del dopoguerra ha trovato il suo simbolo nelle masse giubilanti chiuse negli stadi delle finali mondiali.

Potere

Passando a trattare il tema del potere Canetti cambia radicalmente approccio. Se per analizzare la massa egli ha usato un metodo quasi matematico fatto di definizioni, deduzioni e prove nella trattazione del potere Canetti parte dalla descrizione del processo di procacciamento del cibo dei predatori e degli organi a esso associati, tipicamente gli arti per afferrare la preda, la bocca per dilaniarla e lo stomaco e le altre cavità digestive nascoste per assimilarla.

Per Canetti tutta la sterminata varietà di forme, istituzioni e simboli assunti dal potere nel corso della storia umana si può e deve ricondurre alla violenza originaria e irriducibile della relazione tra predatore e preda.

Questa relazione si struttura attraverso tre forme simboliche fondamentali, il Sopravvissuto, che regna tramite il Comando e istituisce le relazioni tra gli esseri che gli sono sottoposti tramite la Trasformazione o metamorfosi.

Nel capitolo precedente abbiamo dimostrato che la relazione di predatore-preda si esperisce nelle mute di caccia e di guerra, che in maniera simile a quanto descritto da Hegel per la dialettica padrone-schiavo fanno emergere il Sopravvissuto, cioè chi è ritornato vivo e vincitore dalla spedizione e ha così stabilito il suo potere non solo sui nemici uccisi ma anche e soprattutto sui compagni periti nella campagna.

Quanti più morti (siano essi nemici o amici) sono stati sterminati in battaglia tanto più potere acquista il Sopravvissuto e quanto più la sua comunità di appartenenza beneficia dall'accrescimento del suo dominio sulle risorse delle comunità circostanti. Al Sopravvissuto compete la suddivisione del bottino tra i membri della muta, secondo un rituale preciso che struttura la comunità. I tre principi posti da Carl Schmitt all'inizio del diritto, ovvero l'appropriazione del territorio e delle risorse ("Nehmen"), la loro suddivisione ("Teilen") e infine la loro messa a frutto ("Weiden") trovano nelle mute di caccia e di accrescimento il loro luogo di origine.

Ne consegue un paradosso diabolico: per rinsaldare il proprio potere, il Sopravvissuto deve aumentare la massa di morti che lo legittima e mentre i bersagli primari sono sicuramente i nemici delle masse doppie contrapposte alla propria fazione, ci saranno sempre più vittime anche nella propria comunità. Il potere del Sopravvissuto si nutre di entrambi i tipi di vittima mentre il rapporto costi-benefici per la comunità a un certo punto entra in una crisi che non si può risolvere se non con l'autodistruzione della comunità stessa o con l'eliminazione del suo governante.

Sul secondo aspetto del potere Canetti esordisce con l'osservazione che il comando precede il linguaggio (e quindi ogni capacità simbolica che ne deriva) ed è radicato nell'interazione animale del comando di fuga, cui ogni preda obbedisce appena percepisce o anche solo sospetta la presenza del predatore. Tutte le successive evoluzioni del comando si portano appresso questa minaccia di essere sbranati, ed anche quando gli animali obbediscono a un domatore in vista di una ricompensa lo fanno sempre sotto la minaccia di un qualche tipo di punizione fisica.

Che cosa si aggiunge nella specie umana? Negli uomini il comando crea sempre quella che Canetti definisce, coniando un termine nuovo, una spina di reazione, cioè un risentimento nascosto per ritorcere o trasferire il comando ricevuto a un altro uomo in un momento successivo. Non importa poi molto come e quando il trasferimento avrà luogo, o se esso avrà come oggetto la stessa persona che ha impartito il comando iniziale, l'essenziale è poter scaricare questo risentimento che alla fine riposa su una minaccia di punizione e quindi un richiamo esplicito alla propria natura mortale.

Come si smaltisce e controlla l'accumularsi delle spine? Ci sono essenzialmente due modi: il primo, attraverso la promessa di una promozione (ovvero di una trasformazione da potenziale vittima a padrone e predatore) che regola il funzionamento di tutte le istituzioni umane, oppure, se per una qualsiasi ragione il meccanismo della promozione s'inceppa, attraverso la scarica in una massa di rovesciamento che elimina il regnante o la classe dominante di turno.

Il terzo attributo del potere, la trasformazione o metamorfosi, appare anch'esso agli albori della vicenda umana nelle mute di caccia e di guerra. I cacciatori sentono e mimano suoni e odori della preda per meglio attirarla in trappola. E di rimando prede e nemici mettono in atto ogni tipo di strategia di fuga, mimetizzandosi come alberi o nuotando come pesci.

Chi governa deve presto imparare a nascondere le sue vere emozioni e intenzioni per meglio sorprendere i nemici, impersonando e simulando di volta in volta le intenzioni e gli stati d'animo più adatti alle circostanze. Lo stesso spazio non si sottrae alla metamorfosi e nessun regnante rinuncia a lasciare dietro di sé città, monumenti o una qualche traccia del suo potere di trasformazione.

Massa e Potere

La simbiosi tra massa e potere è ora chiara. Radicati nelle origini violente dell'umanità', le mute di caccia e di guerra portano all'emergere della figura del Sopravvissuto che regola la spartizione della preda, assicura l'accrescimento delle risorse per la sua comunità e tramite l'arbitrio riconosciutogli dal resto dei membri previene e risolve i conflitti che possono nascere nel seno del suo gruppo.

Il potere ha quindi bisogno di folla per affermarsi e per esercitare il suo comando ma questo lascia sempre aperta la possibilità che la massa diventi una massa di rovesciamento in cui i governanti diventano le vittime designate.

Quando i potenti cadono nella paranoia essi si vedono costantemente circondate da masse ostili (sia che si tratti di spiriti, animali, persone o anche occhi, essi si presentano sempre in massa). D'altra parte la massa ha bisogno del potere per essere tenuta assieme, ed estendere attraverso la presenza fisica del suo leader il sentimento di unità e armonia percepito nella scarica durante la guerra vittoriosa, al punto da accettare di accumulare una sempre maggiore quantità di spine per il comando cui si sottopone.

Il potere del re si perpetua finché continua l'accrescimento della comunità, ma questo implica un crescente livello di comando e di spine conficcate nella stessa massa fino a quando essa rovescia in maniera più o meno violenta l'ordine esistente e ne fonda uno nuovo. La natura del potere non è altro che quella di seminare costantemente i semi della distruzione violenta che lo rifonda.

Canetti in una prospettiva girardiana

Canetti e Girard adottano la stessa ricchezza di metodi d'indagine per suffragare le loro teorie e spaziano con pari sicurezza dai resoconti antropologici sulle tribù primitive, all'analisi critica delle fonti mitologiche e all'analisi dei disturbi psichici (la schizofrenia nel caso di Girard e la paranoia in quello di Canetti).

Entrambi cercano di definire i meccanismi fondativi dell'ominizzazione partendo da strutture pre-esistenti nel mondo animale. Mentre Girard si focalizza sugli aspetti della conflittualità intra-comunitaria che porta infine ai meccanismi di capro espiatorio, Canetti studia invece le relazioni inter-comunitarie, regolate dai rapporti di caccia e di guerra che portano all'emergere della muta e dei suoi leader.

Entrambi concordano nel riconoscere il ruolo fondante della violenza regolata e gestita nell'evoluzione della specie umana e sulla scia di Hegel individuano nel desiderio (desiderio di un altro desiderio nel caso di Girard o desiderio illimitato di affermazione a spese altrui nel caso di Canetti) l'elemento fondamentale dell'antropogenesi.

René Girard cita apertamente Canetti nel suo fondamentale saggio "La violenza e il sacro" mentre non è altrettanto chiaro se Canetti fosse a conoscenza delle ricerche di Girard. Ciononostante, le loro tesi rimangono complementari: Canetti rimane quasi completamente ignaro del meccanismo del capro espiatorio anche se ne formula quasi la definizione in alcuni passi di "Massa e potere" riguardanti la muta del lamento e ne incontra degli esempi in carne ed ossa nella sua giovinezza.

Uno dei migliori amici di Canetti, Thomas Marek, era un brillante studente di filosofia completamente paralitico con cui Canetti iniziò a condividere le sue prime riflessioni sui comportamenti di massa. Con sua sorpresa, Thomas non condivideva l'entusiasmo di Elias per le masse, poiché le volte che egli ne aveva fatto esperienza gli era toccata la parte del capro espiatorio. Marek portava ad esempio le riunioni dell'associazione invalidi di Vienna, dove veniva considerato un estraneo in quanto molto più malconcio di tutti gli altri ("A questi in fondo non mancava che un occhio o una gamba") e allo stesso tempo molto superiore intellettualmente ("non sopportavo di dover frequentare un altro sindacato in cui la sola lettura era la "Gazzetta dell'invalido").

Il quadro per Thomas Marek era chiaro: "Avevo la nettissima sensazione che tutte queste persone mi invidiassero". E rimproverava ancora la madre di averlo tolto dalla sala in tempo perché la folla non lo attaccasse. Canetti medita su questo episodio nel 1980 quando scrive "Il frutto del fuoco", ossia venti anni dopo la pubblicazione di "Massa e potere" ma non è ancora in grado di identificare il meccanismo inverso del sopravvissuto, ovvero l'uccisione collettiva di una vittima da parte della massa.

Dal canto suo Girard nella sua riflessione fa derivare il potere dal semplice rinvio del sacrificio della vittima, cui si riconosce autorità assoluta sulla comunità nell'intervallo che la separa dalla sua immolazione. Ne deriva che entrambi studiano con molta attenzione le monarchie sacre africane, dove il re è allo stesso tempo sovrano assoluto e vittima designata. Ma Canetti svela un meccanismo di capro espiatorio inverso in cui la vittima emerge sulla folla (il sopravvissuto) o la folla ne riconosce la vittoria grazie a qualche causa esterna (ad esempio un successo nella lotta) che non scatena la rivalità mimetica che porterebbe a minare la sua autorità.

Verso una nuova filosofia della politica?

Canetti e Girard hanno dato un contributo fondamentale al processo che nell'età' moderna ha condotto al progressivo svelamento delle menzogne e dei misconoscimenti che sottendono le categorie del potere e della religione, senza le quali nessuna società umana si può ipotizzare.

Ma ora che ne siamo consapevoli su che basi possiamo pensare di (ri)fondare la convivenza umana? Siamo un po' nella condizione descritta da André Malraux, che affermava "di tutto sappiamo la menzogna, noi che non sappiamo che cosa sia la verità". Ricapitoliamo i punti essenziali della ricerca di Canetti e Girard, che chiude uno sviluppo lungo due secoli che parte da Hegel per arrivare allo strutturalismo di Levi-Strauss.

Il motore fondamentale dell'agire umano è il desiderio, vale a dire una pulsione senza un oggetto caratteristico (a differenza di istinti e bisogni che hanno uno specifico oggetto di soddisfazione) che spinge l'uomo a cercare il riconoscimento della sua esistenza. Inizialmente avviata da Hegel, la ricerca filosofico-antropologica sul desiderio umano ha visto nell'ultimo scorcio del secolo scorso la scoperta o meglio l'osservazione da parte di Girard della sua natura mimetica, ovvero che la mancanza di uno specifico oggetto porta il desiderio individuale a imitare quello che desiderano gli altri desideri.

In altre parole aneliamo quello che vogliono i nostri simili esattamente perché lo desiderano. Questa dinamica fonda sia l'imitazione positiva sia quella negativa e porta alla straordinaria creatività e capacità di apprendimento umana e al suo perenne potenziale di conflitto distruttivo.

Per evitare o limitare il rischio di autodistruzione serve un meccanismo che limiti la violenza potenzialmente illimitata che può innescarsi in ogni momento. Canetti e Girard identificano due modi in cui l'ordine e le strutture sociali possono apparire come risultato della violenza conflittuale: la dinamica muta-sopravvissuto, che avviene nella relazione tra un gruppo umano e il mondo esterno e il meccanismo del capro espiatorio che si può innescare quando i conflitti intestini mettono a repentaglio l'ordine del gruppo sociale.

Per essere efficaci entrambi i meccanismi richiedono l'ignoranza e il misconoscimento di questa dinamica da parte dei membri della comunità: la folla di linciatori deve essere convinta in assoluta buona fede che la vittima designata è il vero colpevole di tutte le tensioni che agitano la società. Allo stesso modo, la massa posta sotto il dominio del suo governante deve credere che egli si dedichi solo alla sua difesa e all'accrescimento del suo scopo (qualunque esso sia) ignorando l'insolubile conflitto d'interesse che esiste tra folla e governanti. Canetti e Girard poi mostrano come questi misconoscimenti garantiscono la fondazione rispettivamente dello Stato e delle religioni mitologiche e come tutto questo sia stato decisivo per costruire lo sviluppo umano degli ultimi 15mila anni (ovvero dal neolitico a oggi).

Se assumiamo che l'analisi di Canetti e di Girard sia corretta nello svelare l'origine violenta e arbitraria dei fondamenti del Potere e della Religione (o in altre parole dell'ordine e del significato nella vita personale e sociale), su che basi possiamo chiedere agli individui di rispettare le leggi e astenersi dallo scatenare i loro desideri?

E specularmente, se l'essenza stessa dell'uomo è il seguire il desiderio di essere e di riconoscimento a rischio di conflitto con gli altri uomini come possono stati e governi prevenire e gestire i conflitti senza compromettere la creatività che sorge da questa dinamica? Con che legittimità lo Stato può disciplinare comportamenti pubblici e privati quando le sue origini si perdono in un atto di violenza arbitraria? Ma se riduciamo lo Stato a una pura funzione di polizia di limitatore della violenza e lo spogliamo di ogni rilevanza morale che tipo di riferimenti comuni possono stabilirsi tra i membri di una simile società che non siano il semplice conteggio dei voti e delle garanzie di mutua non-interferenza tra gruppi di persone altrimenti alieni e radicalmente inconciliabili?

Se per semplificare al massimo riduciamo le attuali correnti di pensiero politico al liberalismo e al socialismo vediamo che nessuna delle due è in grado di raccogliere la sfida. Il problema che Canetti e Girard pongono al socialismo è la radicale critica dell'ottimismo hegeliano, perché mostrano che lo spirito competitivo umano ci accompagnerà fino alla fine dell'uomo senza approdo nel porto sicuro della soddisfazione garantita dallo Stato universale. Lo Stato poi non è che un'altra superstizione da decostruire nel cammino verso la fine della storia, che secondo Girard ha un'alta probabilità di essere un'autodistruzione apocalittica. Eppure, nessun essere è sociale quanto l'uomo giacché egli si evolve per imitazione e osmosi e non può fuggire il richiamo della massa.

Il liberalismo del canto suo abbraccia la visione dell'uomo come essere competitivo e ammette anche che la competizione presenta rischi e inconvenienti che devono essere regolati da uno stato leggero focalizzato sulla prevenzione della violenza e dei conflitti. Tuttavia, esso può difficilmente accettare che non esista l'oggetto della sua premessa, l'individuo indipendente, poiché dati due individui essi non saprebbero fare altro che mettersi a imitare i reciproci desideri.

Bibliografia

"Massa e Potere" Elias Canetti (Adelphi 1996)
"Il frutto del fuoco" Elias Canetti (Adelphi 2005)
"La lingua salvata" Elias Canetti (Adelphi 2002)
"Il nomos della Terra" Carl Schmitt (Adelphi 2003)
"La violenza e il sacro" René Girard (Adelphi 1992)

Fratelli Rivali: il Mediterraneo tra mimesi e sfida.

"In verità vi dico: pubblicani e prostitute vi precederanno nel Regno dei Cieli" (Matteo, 21, 31)
" A Dio appartengono l'Oriente e l'Occidente" (Corano, Sura della Vacca, v. 115)

Introduzione

Queste riflessioni cominciano nel 2005, quando decisi di accettare la posizione di responsabile supporto vendite per la Turchia, l'Egitto e i Paesi del Golfo vincendo le esitazioni che mi trattenevano dal viaggiare per regioni note per la loro instabilità politica e l'incolmabile diversità e ostilità nei confronti dell'Occidente.

Le stesse preoccupazioni mi erano riecheggiate da amici e parenti, che non mancavano mai di chiedermi o rammentarmi le precauzioni da osservare quando ci si trovasse laggiù "in partibus infidelium". A sette anni di distanza e dopo molte migliaia di chilometri percorsi e incontri fatti, mi sento di dire che l'unico vero rischio che corriamo è il travisamento delle culture dell'altra sponda del Mediterraneo cui pure siamo legati da migliaia di anni di interscambi e che vivono la nostra stessa sfida di dover rielaborare la propria identità per adattarla alle nuove sfide del tempo (e il lettore mi perdoni se rifuggo dai soliti termini ben noti).

Certo, la stabilità politica è ancora fragile o inesistente, ci sono pericoli oggettivi (ero al Marriott di Islamabad tre giorni prima degli attentati che provocarono più di duecento vittime) e molti problemi sono un groviglio inestricabile, in primis la questione arabo-israeliana. Eppure, se vogliamo fare dei progressi, dobbiamo cominciare con il rimuovere i miti che, sebbene rassicuranti, ci mantengono prigionieri dei nostri propri errori di prospettiva e alla ricerca del prossimo capro espiatorio, si chiami esso Osama Bin Laden, lobby ebraico - massonica o l'immigrato della porta accanto.

Scopo di questo articolo non è quello di fornire un nuovo schema interpretativo socio-antropologico ma piuttosto indagare un approccio praticabile da chiunque si trovi ad avere a che fare con l'altra sponda nel lavoro oppure nella convivenza di ogni giorno.

Ogni approccio pratico ha bisogno di un'inquadratura teorica e ideale di riferimento e non faccio mistero che molto di quello che dico deriva dai potenti concetti della teoria mimetica di René Girard.

La tesi si snoda in tre capitoli: nella prima sezione, usando evidenze demografiche, esempi letterari e anche aneddoti mostro come Oriente e Occidente siano vittime delle stesse ossessioni e incertezze che portano a idiosincrasie e ipocrisie assai simili tra loro.

Nella seconda sezione evidenzio invece come tra i due mondi ci sia un livello d'interconnessione molto più profondo la cui dinamica può essere spiegata in termini imitativi. Come guide in questa fase mi riferisco essenzialmente a Miguel de Cervantes e Orhan Pamuk. Infine nella terza sezione mi concentro sulla parte dei "consigli pratici", dando una breve spiegazione di tre concetti che ho trovato molto utili nel dialogo quotidiano con amici e colleghi ogniqualvolta i temi da affrontare fossero più squisitamente culturali.

La tesi sostenuta è che sia più utile usare lo spirito mercantile e la sfida aperta per ottenere un dialogo efficace piuttosto che il trito e un pochino ipocrita concetto di tolleranza. In quest'articolo si fa un uso quasi equivalente delle coppie duali "Occidente" e "Oriente", "Europa" e "Medio Oriente" e "Cristianità" e "Islam", restando inteso che ciascuna di esse include una grande varietà di popoli, civilizzazioni e culture.

Rimane il fatto che in nessun luogo come nel Mediterraneo è stato così semplice tracciare una linea di demarcazione tra questi universi e parimenti mai come nel Mediterraneo i due mondi si sono studiati, imitati e compenetrati rendendo i popoli che vivono sulle sue sponde i migliori ambasciatori dell'Altro presso la propria cultura d'origine.

Le paure condivise

Se poniamo l'Europa e il Medio Oriente nella prospettiva degli ultimi sessanta anni dalla fine del secondo conflitto mondiale, troviamo un impressionante livello di somiglianze.

Prospettive storico-economiche

Sia l'Europa sia il Medio Oriente hanno avuto una rifioritura economica prodigiosa che ha portato le due regioni a un livello di sviluppo unico, nonostante (o forse anche grazie a) quarant'anni di guerra fredda in Europa e la lunga serie di conflitti che hanno percorso il Medio Oriente dalla prima guerra arabo-israeliana del 1948 fino all'ultimo conflitto in Iraq.

La stessa storia della famiglia Bin Laden, quantunque macchiata dai misfatti di Osama, è prima di tutto una straordinaria epopea imprenditoriale che abbraccia più di settanta anni dal fondatore Mohamed all'attuale leader Bakr e che non ha nulla da invidiare alla storia di simili dinastie industriali europee come gli Agnelli in Italia o i Porsche in Germania e ha anzi molto in comune con esse quando si analizzano i suoi rapporti con il potere politico. Entrambe le regioni vedono davanti a sé un'evoluzione naturale di superpotenza finanziaria e industriale in Europa e di cuore energetico e commerciale per il Medio Oriente, ma in entrambi i casi il futuro è gravato da incognite e sfide poste dalle grandi superpotenze emergenti come Cina, Russia Brasile ed India.

In aggiunta alle sfide economiche, sia l'Europa sia il Medio Oriente devono far fronte ad altrettanta incertezza geopolitica. L'irresistibile ascesa delle superpotenze asiatiche ha definitivamente scardinato i relativamente facili scenari delle alleanze bipolari della Guerra fredda e gli Stati di entrambe le regioni sono posti davanti all'alternativa di trovare una difficile unità politica per continuare a contare nel mondo di domani o difendere le proprie prerogative condannandosi a futura ma certa irrilevanza strategica.

Sconvolgimenti culturali

Oltre alle trasformazioni geopolitiche ed economiche, le società dell'Oriente e dell'Occidente mediterraneo sono passate attraverso vere e proprie rivoluzioni culturali, caratterizzate in generale da una tendenza a criticare se non a ricusare le tradizioni e le gerarchie sociali.

Accenniamo solo all'ondata di proteste di ispirazione marxistico - libertaria del 68 europeo, rispecchiata dalla stagione del socialismo arabo nell'Egitto di Nasser e nei regimi epigoni in Siria e nel Levante. La critica dell'ordine sociale e lo sviluppo economico ha poi portato a una progressiva emancipazione della donna, che sebbene con enormi differenze tra un paese e l'altro continua tuttora.

Tutta questa spinta progressista ha poi prodotto reazioni conservatrici in entrambi i mondi, e in Europa come in Medio Oriente la reazione ha comunque dovuto fare i conti con le novità. Assistiamo così in Occidente alla riformulazione della dottrina cattolica nel Vaticano II e al tentativo di opporsi alla secolarizzazione da parte della Chiesa romana attraverso forme nuove come i movimenti ecclesiali, e nel mondo musulmano simili tentativi di riassimilazione della modernità portano ad esempio all'invenzione della finanza islamica o a uno stile di proselitismo che cerca sempre più ragioni scientifiche e razionali per suffragare la correttezza e verità del Corano.

Da un punto di vista politico, la Turchia è forse il miglior esempio di questo riflusso: dopo una rivoluzione secolare di intensità senza precedenti nella storia europea (Ataturk cambiò in un sol colpo calendario, sistema legale, linguaggio amministrativo e alfabeto, mentre anche i rivoluzionari russi e francesi si fermarono davanti ai caratteri latini e cirillici) la Repubblica turca sta adesso riconoscendo più spazio pubblico alle credenze e costumi religiosi (per ora islamici). Questa tendenza è erroneamente scambiata in Occidente come una sinistra campagna cripto-islamica abilmente condotta dal partito AKP.

A ben vedere, l'AKP assomiglia molto di più all'equivalente islamico delle Democrazie cristiane occidentali e i resoconti e i racconti dei turchi su passioni, fatti e misfatti dei politici dell'AKP assomigliano in maniera straordinaria alle descrizioni lasciate ad esempio sulla DC siciliana da Leonardo Sciascia in "Todo Modo".

<u>Ondate migratorie</u>

Analizzando i dati pubblici disponibili (ad esempio quelli della Banca Mondiale) si scopre che la quasi totalità dei Paesi mediorientali (e in particolar modo quelli del Golfo) presenta tassi di immigrazione elevatissimi, dal 25% dell'Arabia Saudita all'80% degli Emirati.

Al confronto, quasi nessun Paese europeo supera la soglia del 10% (includendo in questo dato anche l'immigrazione intra-UE), con la sola eccezione della Svizzera dove la percentuale raggiunge il 22%.

Inoltre le percentuali nell'Europa occidentale sono sostanzialmente allineate a quelle nordamericane, mentre in molti paesi medio - orientali le percentuali sono molto più elevate anche di paesi storicamente favorevoli all'immigrazione come l'Australia.

Ma se i problemi dell'immigrazione europea sono all'ordine del giorno dell'agenda politica, poco si dice nel dibattito pubblico che gli stessi Paesi arabi del Golfo sono sottoposti a una simile marea migratoria proveniente da nazioni culturalmente disparate come le Filippine, l'India (nelle strade di Riad capita sovente di trovare cartelloni pubblicitari in sanscrito) e la Cina per non parlare poi delle comunità di espatriati occidentali che ancora forniscono molti quadri dirigenziali alle aziende medio-orientali.

Certo, talvolta appare nella stampa occidentale qualche articolo che deplora le rigide condizioni cui sono sottoposti gli immigrati nei paesi del Golfo (ad esempio i test HIV obbligatori) ma bisogna anche chiedersi che misure gli stati europei adotterebbero sotto la pressione delle opinioni pubbliche se fossero mai sottoposti a pressioni migratorie superiori al 50%.

I cittadini americani hanno concesso ampie deroghe ai diritti individuali in nome della sicurezza nazionale sulla scia degli attentati dell'11 settembre, e non è forse un caso se la più controversa misura in termini di restrizione della libertà religiosa delle comunità d'immigrati, il cosiddetto "divieto sui minareti" svizzero, sia stato adottato nel Paese europeo con la maggior percentuale di immigrazione.

La fobia nei confronti dell'immigrazione si riflette poi simmetricamente nelle conversazioni informali di tutti i giorni: se gli europei vedono un disegno ordito da Al - Qaeda e dagli sceicchi per islamizzare l'Europa, gli arabi benestanti del Golfo vedono continuamente all'opera la "lobby ebraica" e i suoi comitati d'affari che usano l'immigrazione per snaturare progressivamente la società e i costumi della culla dell'Islam.

Il ruolo sociale dell'invidia

La teoria mimetica ha riconosciuto sin dai suoi inizi il ruolo centrale dell'invidia nella cultura e letteratura occidentali (in effetti, si può dire che il pensiero di Girard sia una riflessione portata all'estremo sull'invidia).

La società occidentale è per certi versi una gigantesca macchina che spinge le persone a desiderare gli oggetti degli altri e simmetricamente a ostentare quanto in loro possesso perché diventi oggetto del desiderio altrui. Questa funzione dell'invidia è ben conosciuta anche in Oriente, con la differenza che la stragrande maggioranza dei codici morali, di comportamento e finanche le leggi vere e proprie sono concepite per prevenire lo scatenarsi dell'invidia anziché favorirne la diffusione come in Occidente.

Si tratta insomma dei due approcci simmetrici al problema della gestione della crisi mimetica: l'Occidente accetta di fomentare il conflitto perché pensa di poterne governare la risoluzione all'interno delle sue infrastrutture concettuali (sistema giuridico, mercato, democrazia) mentre a Oriente si punta a evitare lo scatenarsi della crisi stessa mediante l'apparato normativo in tutte le sue forme.

Per esemplificare come l'invidia regoli una delle società più conservatrici del Medio Oriente, l'Arabia Saudita, faccio riferimento al recente libro di Rajaa Al-Sanea, "Girls of Riyadh".

Il romanzo racconta la vita di quattro ragazze adolescenti appartenenti al ceto medio-alto della società saudita. Le ragazze attraversano i primi innamoramenti, passano a relazioni più stabili e vedono la loro vita sentimentale evolvere con alterne fortune: una di esse si sposa felicemente, un'altra vede il matrimonio naufragare in un divorzio, un'altra ancora rimane disillusa dalla vita sentimentale e cerca di realizzarsi nel lavoro. Ovviamente tutto questo avviene nel pieno rispetto delle convenzioni sociali saudite, minuziosamente descritte del romanzo, tanto che in Occidente il libro è stato salutato come un'altra prova dell'oppressione cui sono soggette le donne in Arabia e i censori del Regno saudita si sono affrettati a far propria questa interpretazione e a vietarne la distribuzione. Tuttavia, se si eliminano i rituali sociali, le storie si possono perfettamente trasporre in quelle di quattro ragazze parigine o londinesi che crescono, frequentano l'università, conoscono ragazzi loro coetanei e infine mettono su famiglia.

Una lettura più attenta degli obblighi di vestire gli "abayas" e di non uscire sole con i ragazzi fa emergere un tentativo molto più ampio messo in atto dalla società saudita di bloccare ogni possibile sorgente di sguardi maliziosi che possono scatenare l'invidia.

Le regole nelle relazioni familiari, la suddivisione degli spazi pubblici nei ristoranti e nei centri commerciali, il ritmo della vita sociale sono tutti determinati dall'imperativo di impedire intrusioni dall'esterno che possono creare desideri malsani, un pettegolezzo di troppo e infine pregiudicare la preziosa e fragile armonia nella famiglia e tra le varie famiglie allargate.

Solo persone fidate possono essere lentamente e prudentemente introdotte nei vari cerchi che difendono l'intimità familiare. Ma l'irresistibile pressione a distinguersi e differenziarsi deve pur trovare i suoi sfoghi, che finiscono per cristallizzarsi in forme ritenute socialmente accettabili, quali le auto di lusso, una particolare combinazione di cifre per il numero di cellulare, oppure avere il proprio nome inciso su un coltello esposto al pubblico in un ristorante di grido.

La teoria mimetica insegna che il desiderio imitativo prescinde dall'oggetto così se l'invidia non può ancorarsi alla donna del tuo rivale allora cercherà qualcos'altro.

Dinamiche rivoluzionarie

Se osserviamo le recenti vicissitudini della Primavera araba, è immediato creare un confronto diretto tra le rivolte egiziane e tunisine che hanno portato alla caduta di regimi pluridecennali e apparentemente blindati e gli omologhi movimenti che alla fine degli anni Ottanta portarono alla fine dei regimi comunisti nell'Europa orientale.

Anche per la Siria, in cui la rivolta sta avendo il corso più drammatico, si trova un eco nelle vicende iugoslave, dove la generale ma frammentata ostilità verso il regime mescolata con interessi divergenti delle potenze confinanti e una composizione etnico-religiosa frammentata ha portato al disastro che stiamo rivivendo oggi.

Infine, dobbiamo ricordare che i due lati del Mediterraneo si sono imitati anche e soprattutto nei modi di condurre la guerra e organizzare la violenza: il terrorismo moderno nasce all'inizio dell'Ottocento in Spagna, dove i guerriglieri spagnoli se ne servirono contro le truppe turche cui Napoleone aveva affidato il controllo del Paese mentre le sue armate erano impegnate in Europa centrale e in Russia. Quando Carl Schmitt descrisse il concetto di guerra asimmetrica nella sua "Teoria del Partigiano" non immaginava che la stesa dinamica si sarebbe applicata 200 anni dopo a parti invertite in Iraq con un esercito di guardie private occidentali al posto delle truppe turche ma con la stessa escalation di violenza e brutalità.

Riassumendo, su entrambe le sponde del Mediterraneo le nostre società sono sottoposte a processi storici incontrollabili che le espongono a crisi mimetiche colossali, con un continuo aumento di disillusione, risentimento e paura che si diffonde a ogni livello del corpo sociale.

Le comunità e gli individui sottoposti a tensioni mimetiche tendono a trovare la soluzione nella ricerca di capri espiatori cui addossare la responsabilità del disagio. Nessuna meraviglia quindi che gli immigrati e "l'altra parte" siano i candidati naturali per questo scomodo ruolo, con i musulmani in Occidente e i cristiani in Oriente sottoposti a una dose crescente di discriminazioni o di persecuzione esplicita.

Questa soluzione tuttavia sappiamo essere falsa, perché nasconde e allontana la fondamentale evidenza che la violenza è radicata in noi. Così, prima di capire se e come sia possibile disinnescarla o almeno limitarla, verifichiamo se su entrambe le sponde qualche spirito illuminato si sia già inoltrato sulla via che stiamo cercando di ripercorrere.

Verità romanzesca e menzogna romantica

Queste somiglianze strutturali sono in effetti già state rilevate nella letteratura, dove sembra esserci una corrente di scrittori che hanno afferrato una prospettiva ancora sconosciuta in molti pensatoi politici, per non parlare dei mass-media.

Cominciamo intenzionalmente a decostruire la battaglia di Lepanto, uno dei più famosi esempi dello scontro tra le anime del Mediterraneo. Mostreremo che il facile teorema dello scontro delle civiltà è pieno d'incongruenze, usando come riferimenti letterari "L'ultimo crociato" di Louis de Wohl e "Altai" di Wu Ming.

"L'ultimo crociato" è la biografia romanzata di Don Giovanni d'Austria e fornisce una versione dichiaratamente apologetica e romantica del conflitto. La trama è pronta per diventare la sceneggiatura di un film sui buoni cristiani contro i malvagi turchi eppure nel racconto spuntano alcune crepe: si narra di continui litigi tra i marinai veneziani e la truppa spagnola imbarcata, con regolari impiccagioni per insubordinazione di soldati spagnoli ordinate dagli ufficiali veneziani. Come minimo, quello occidentale era uno schieramento tutt'altro che coeso e unito. Lo stesso de Wohl fornisce il retroscena politico: la Serenissima era tutt'altro che convinta della necessità di un confronto militare, ritenendo possibile una negoziazione diplomatica all'indomani della sconfitta di Famagosta.

"Altai" di Wu Ming ci dà invece la visione turca dello scenario: gli Ottomani non volevano pubblicizzare troppo che la presa di Famagosta era stata in realtà una vittoria di Pirro, dove un imponente esercito turco aveva avuto ragione di una piccola guarnigione trincerata in una fortezza molto ben progettata solo dopo molti mesi di assedio e a prezzo di perdite enormi. D'altra parte, una sconfitta sul mare contro i Veneziani era nell'ordine dei rapporti di forza e solo a quel punto una pace negoziata non avrebbe dato luogo a sospetti. Poche settimane dopo la battaglia, il trattato di pace era già stato firmato e le vie dei commerci potevano riprendere. Alla battaglia prese parte Miguel de Cervantes, mostrando coraggio e riportando ferite che lo accompagnarono per il resto della vita.

Nonostante questo, non cadde mai nella retorica dello scontro delle civiltà e lo mostrò nel modo più chiaro nelle pagine del "Don Chisciotte". Innanzitutto, il romanzo è costruito su un trucco narrativo per cui il manoscritto originale della storia del cristianissimo cavaliere Don Chisciotte della Mancia è opera di un autore moro, Sidi Ermete Benengeli, elevando una fiaba araba a modello del primo romanzo occidentale moderno. Poi, tre interi capitoli (dal 39 al 41) sono dedicati alla novella della fuga da Algeri di Ruy Perez de Viedma, un prigioniero spagnolo che porta con sé una bella damigella mora che si è segretamente convertita al cristianesimo.

Cervantes inserisce molte note autobiografiche nella novella, e il materiale raccolto merita un'ulteriore analisi. Nel capitolo 39 Cervantes fornisce il quadro geopolitico del Mediterraneo negli anni 1567-1580, con precise descrizioni della complessità delle questioni politico-militari dell'epoca. Si citano tra l'altro:

- La riluttanza di Genova a prender parte alla guerra contro l'Impero ottomano (la repubblica ligure inviò solo 3 navi in battaglia) per non aiutare troppo Venezia a ristabilire la sua supremazia sul Mediterraneo orientale, oltre alla ben nota alleanza della Francia con il Sultano in chiave anti-spagnola. Contro gli infedeli sì, ma fino a un certo punto.

- La natura multinazionale degli eserciti ottomani. Cervantes correttamente riporta la nazionalità italiana di Uluc Alì, comandante dell'unica squadra navale turca sopravvissuta alla battaglia e in seguito supremo comandante della flotta ottomana.

- Una perfetta comprensione della gerarchia imperiale ottomana: il capo della flotta è la terza carica dell'Impero dopo il Gran Visir e il Muftì. Aggiungiamo che all'epoca di Lepanto il Gran Visir Sokollu Mehmet Pasha era un giannizzero serbo che aveva raggiunto l'apice della carriera per un non appartenente alla famiglia reale e possiamo legittimamente sospettare che avesse anche favorito il fratello nel diventare il Patriarca della Chiesa Ortodossa nelle terre ottomane.

- Cervantes è perfettamente consapevole dei problemi delle armate turche nell'affrontare le moderne fortificazioni europee: la battaglia per la riconquista di Tunisi costò agli ottomani più di 20.000 uomini tra morti e feriti su un esercito forte di 50.000 effettivi per sopraffare una guarnigione di meno di 7000 imperiali spagnoli che subì meno di 3000 perdite.

- Mentre infuria la battaglia di Tunisi, si fa notare che a poche decine di chilometri di distanza, nel porto di Tabarka la repubblica di Genova continua a gestire la pesca e il commercio dei coralli. Non sappiamo se questo sia un favore restituito dai Turchi per la tiepidezza mostrata dai genovesi durante il conflitto di Lepanto, certamente mal si spiega con la dottrina dello scontro delle civiltà a tutti i costi.

Dopo questa descrizione dello sfondo, nei capitoli 40 e 41 la storia passa alle vicissitudini personali di Ruy de Viedma e dei suoi compagni di prigionia. Anche in queste pagine non mancano le sorprese:

- I prigionieri cristiani sono generalmente trattati bene, eccetto quando il potere passa nelle mani di Hassan Alì, un rinnegato veneziano la cui ferocia lascia esterrefatti gli stessi turchi.
- I prigionieri sono in costante corrispondenza con le loro famiglie per negoziare i termini dei riscatti, e il porto di Algeri ospita fianco a fianco navi di pirati e regolare naviglio commerciale spagnolo.
- I prigionieri possono rivolgersi alle donne musulmane in modi che lo stesso Cervantes giudica "fin troppo liberali", almeno secondo il metro della Spagna del sedicesimo secolo.
- L'ostilità' latente tra turchi e arabi è descritta in numerosi incisi e apertamente paragonata dagli stessi arabi a quella esistente tra francesi e spagnoli.

E' in queste circostanze che Ruy e i suoi compagni conoscono Zahara, la figlia dell'uomo più ricco di Algeri che si è segretamente convertita al Cristianesimo grazie alla devozione per la Vergine Maria imparata da una vecchia serva cristiana.

Zahara ora vuole fuggire in Spagna e fornisce ai prigionieri tutto il denaro necessario a finanziare il loro riscatto e acquistare un'imbarcazione per il rientro. Nel piano di fuga un ruolo essenziale spetta a un anonimo rinnegato spagnolo che vuole far ritorno in patria e sta raccogliendo dai prigionieri cristiani dei certificati di "buona condotta" per aiutarlo a difendere la sua causa davanti alla Santa Inquisizione una volta rientrato in Spagna.

Il fatto stesso che esista un termine giuridico ("tornadizo") e una precisa procedura legale per questa categoria fa pensare che non si tratti di un caso isolato e ancora mal si sposa con una visione romantica di scontro frontale dove i rinnegati meritano solo la morte, pentiti o meno.

Infine, si mette in atto la fuga e l'unico serio pericolo corso dai fuggitivi non viene dai Mori mandati comprensibilmente all'inseguimento dei fuggiaschi dal padre affranto di Zahara ma da una nave pirata francese che, incrociata di notte al largo della costa di Malaga, apre il fuoco sulla barca degli spagnoli.

Il capitano francese depreda completamente la compagnia di fuggiaschi e si trattiene solo dal gettarli ai pescecani, limitandosi a lasciarli in balia delle onde al largo della costa a bordo di una scialuppa.

Cervantes precisa che l'equipaggio proveniva dalla Bretagna e si stava affrettando a rientrare a La Rochelle, la roccaforte dei protestanti francesi.

Quasi quattro secoli dopo, lo scrittore turco e premio Nobel per la letteratura Orhan Pamuk ritorna sul tema dell'influenza reciproca. Faremo qui riferimento a due opere in particolare, "Il mio nome è Rosso" e "Il castello bianco".

Si può affermare che l'imitazione è il tema dominante di "Il mio nome è Rosso": per il millesimo anniversario dell'Egira, il Sultano vuole donare all'ambasciatore veneziano un libro illustrato dai migliori miniaturisti di Palazzo che mostri tutte le imprese e i possedimenti dell'Impero ottomano, il cui fulcro è un ritratto del Sultano stesso dipinto alla maniera dei maestri veneziani.

I tre migliori miniaturisti sono scelti per decorare le scene e le pagine di un'opera circondata dalla massima segretezza, ma la competizione per disegnare il ritratto del Sultano nelle pagine centrali del libro scatena l'invidia tra gli artisti che infine spinge uno di essi a una catena di delitti per impossessarsi del ritratto.

Nero è l'investigatore incaricato di trovare l'assassino ed è a sua volta invischiato in una rivalità amorosa per Sekure, la bella figlia dell'editore dell'opera. Sekure è rimasta vedova del marito, morto in battaglia non a Lepanto ma, come nota Pamuk, nelle campagne contro gli arcirivali dei turchi, i persiani. Il rivale di Nero è Hasan, cognato di Sekure e da sempre invidioso della moglie del fratello.

Pamuk crea un groviglio imitativo in ogni snodo della narrazione e lo teorizza in termini quasi metafisici. Ne riporto solo due esempi.

Nel capitolo 20, il Sultano sta dialogando con l'editore del libro che in passato è stato ambasciatore ottomano a Venezia. L'editore descrive vivacemente al Sultano come la passione per i ritratti si sia diffusa tra i veneziani come un'epidemia e come tutti i ricchi e i potenti vogliano un ritratto.

Che cercano nei ritratti i veneziani? La risposta dell'ambasciatore è disarmante, essi vogliono stare per sempre davanti a noi, per dirci e dirsi che esistono e che sono unici e diversi da tutti gli altri. E l'ambasciatore non può sottrarsi all'incantesimo: sente che capirebbe meglio il suo ruolo nel mondo, se solo fosse ritratto alla maniera veneziana. Spaventato dai suoi stessi desideri, decide di mettere la magia del ritratto al servizio dell'Impero ottomano e propone al Sultano di farsi ritrarre per aumentare la sua influenza sulle potenze cristiane.

All'inizio, il Sultano rifiuta l'idea: nonostante le buone intenzioni, i ritratti si trasformerebbero in idoli, dotati di esistenza indipendente dai modelli originali. Il resoconto si chiude con una nota geniale: "Per questo motivo, disse il Sultano, non posso accettare di farmi ritrarre in un dipinto". "Ma in realtà lo voleva", sussurrò l'ambasciatore con un sorriso satanico."

Il monologo di Satana nel capitolo 47 è invece l'autodifesa del Diavolo per confutare la tesi dei chierici musulmani che imitare la pittura veneziana (e quindi in generale imitare le abitudini occidentali) sia una tentazione diabolica.

Per difendere la sua posizione, Satana si riferisce direttamente al Corano, secondo la cui narrazione (ad es. nella Sura del Limbo) egli è cacciato dal Paradiso non tanto per aperta ribellione verso Dio quanto per disobbedienza nei Suoi confronti quando Dio chiede a lui e a tutti gli altri angeli di adorare Adamo, la nuova creatura.

Satana rifiuta di inchinarsi adducendo come motivo che la nuova creatura è fatta di argilla e non di fuoco come gli angeli ed è quindi a loro inferiore. Sottilmente, Satana sembra implicare che ha più ragione di Dio nel sostenere la sua posizione di non inchinarsi ad Adamo, che cioè lui, Satana, è più aderente all'ordine della Creazione del Creatore stesso.

Il fatto è, continua Satana, che Adamo (e quindi l'umanità intera) ha avuto da Dio il privilegio di farsi adorare da esseri angelici a lui superiori e quindi come poteva non sviluppare il suo atteggiamento di ricercatore dell'adorazione, approvazione o almeno del rispetto dei suoi pari e sottomessi?

L'imitazione quindi non è una tentazione diabolica, un'invenzione satanica, ma il meccanismo connaturato all'inizio dell'uomo. Ovviamente Satana non ammette che nel suo rifiuto di inchinarsi ci sia stata anche dell'invidia per la nuova creatura o il tentativo blasfemo di imitare Dio cercando di essere più logico di Lui nell'interpretazione dell'ordine della Creazione.

Ora, se la linea di difesa di Satana è corretta, allora la spinta a creare idoli mimetici attraverso l'imitazione fa parte del piano di Dio, e questo pone un dilemma.

Se invece crediamo che in qualche modo questo non sia vero e Satana stia preparando una trappola, allora abbiamo il problema di giustificare perché interi brani del Corano suffraghino la linea interpretativa diabolica, e questo per un musulmano pone un dilemma ancora maggiore.

Restando sul tema letterario e antropologico, il monologo di Satana cattura in pieno l'ambivalenza della mimesi come motore della buona e della cattiva imitazione, fonte di tutti gli ordini e disordini umani. L'altro romanzo di Pamuk dedicato esplicitamente ai rapporti tra Oriente ed Occidente è "Il Castello Bianco" che narra la storia della relazione tra uno scienziato italiano catturato dai pirati turchi e l'astronomo di corte del Sultano di cui diventa l'aiutante.

I due scienziati cominciano a studiarsi e a imparare l'uno dall'altro, collaborano nella lotta contro un'epidemia scoppiata a Istanbul e infine lavorano al progetto di una nuova macchina da guerra che deve finalmente aver ragione delle fortezze europee che ostacolano l'espansione dell'Impero.

Dopo dieci anni di preparazione la macchina è pronta e appena scoppia la guerra con la Polonia i due scienziati si mettono al seguito dell'armata fino al "Castello bianco", ovvero la fortezza posta a guardia dei confini polacchi. Nulla si sa dell'esito della battaglia, ma nel corso dello scontro i due scienziati si scambiano i ruoli e mentre l'astronomo turco rientra in Italia lo scienziato italiano prende il suo posto a Istanbul. Riconoscendo il ruolo di Cervantes come suo precursore nello studio della mimesi, Pamuk lo cita esplicitamente nella figura di un prigioniero spagnolo che lo vuole imitare nelle carceri di Istanbul.

Spiccioli di mimetismo a uso quotidiano

Ricorrendo a due straordinari letterati appartenenti a diversi mondi e a diverse epoche ho cercato di dimostrare che la natura mimetica della relazione tra le due sponde è stata evidente agli spiriti più illuminati di entrambe le rive.

Se questo poteva bastare in un periodo in cui la stragrande maggioranza degli uomini viveva nel seno delle loro comunità locali, ancorché variegate come una metropoli imperiale, non è a mio parere più sufficiente oggi in cui la reciproca esposizione è cresciuta a dismisura di pari passo con i progressi nella capacità di infliggere danni notevoli anche con mezzi limitati. Si tratta quindi di sviluppare idee e concetti facilmente utilizzabili su entrambe le rive per diffondere lo spirito "Cervantes con Pamuk" invece di quello "Bush contro Bin Laden".

In attesa che le idee mimetiche si affermino nella cultura collettiva globale, è opportuno cercare approcci più immediati che facciano leva su concetti immediatamente spendibili. Questi concetti devono poter risuonare su entrambe le rive, inizialmente possiamo partire dalla tradizione, dal rispetto e dalla sfida.

Tradizione: la configurazione di default per dare un senso al mondo

Introduco il concetto richiamando un ricordo dell'ora di religione degli anni del liceo, quella zona franca di libera espressione di opinioni a sfondo politico-esistenziale tipica della scuola italiana degli anni Ottanta. Una settimana, l'argomento del giorno fu la tradizione, con la classe unita nel sostenere l'idea che essa fosse un bagaglio di vecchiume più o meno ipocrita di cui liberarsi quanto prima.

Con certo disappunto, ci si sentì rispondere che la tradizione non è altro che l'insieme di conoscenze, credenze e comportamenti che ognuno riceve bene o male dal suo ambiente per iniziare a dare un significato a quanto gli sta attorno e iniziare il suo viaggio di scoperta. E durante questo viaggio ognuno avrebbe inevitabilmente messo alla prova e modificato quanto appreso per ritrasmetterlo poi ai suoi figli.

103

"Se questa è la definizione, rimbeccò uno studente con lieve accenno di sfida, allora una famiglia comunista dovrebbe educare i suoi figli come comunisti". La risposta dell'insegnante fu un ineccepibile "Sì, certo". Negli ultimi 25 anni, non ho ancora trovato una definizione migliore.

Che significa questo nel trattare con i nostri rivali? Semplicemente riconoscere che comportamenti strani o inaccettabili hanno probabilmente dei fondamenti storici reali che vanno ricercati e giudicati prima di indulgere a un facile e rapido disprezzo. Questo non giustifica in alcun modo un altrettanto facile relativismo: se ci confrontiamo in misura crescente con gli stessi problemi negli stessi ambienti dobbiamo avere il coraggio di giudicare i nostri e altrui strumenti culturali e dichiarali o meno adeguati alle circostanze.

"Girls of Riyadh" dà un buon esempio di questa dinamica in azione, mostrando come le nostre quattro eroine cambiano in risposta alle sollecitazioni della vita. Lamees, proveniente da una famiglia libanese molto liberale, è la ribelle del gruppo, dandosi al contrabbando di videocassette durante l'orario scolastico.

Con le debite proporzioni, in un ambiente occidentale avrebbe probabilmente sostituito le videocassette con la marijuana, ma abbiamo già detto che contano più le strutture dei singoli oggetti.

Gamrah, conservatrice e allineata con il volere della famiglia, accetta subito di sposare il fidanzato scelto per lei alla fine della scuola superiore.

Michelle s'innamora ricambiata di Faisal, un ragazzo la cui famiglia si oppone al matrimonio poiché la madre di Michelle è americana e il padre, nonostante sia un rispettato musulmano molto affermato socialmente, non fa parte dell'establishment saudita.

Infine, Sadeem vorrebbe formare una famiglia araba tradizionale ma il suo atteggiamento spregiudicato nei confronti dei ragazzi (per gli standard sauditi) le impedisce di stabilire delle relazioni durature. Con il passare degli anni mutano tutte il loro atteggiamento: Lamees diventa una donna saudita modello, ed inizia ad indossare il velo anche nella relativamente più liberale Jeddah.

Gamrah, dopo essere stata ripudiata dal marito con il figlio appena nato, rifiuta una seconda proposta di matrimonio condizionata al lasciare il bimbo alla di lei famiglia. Gamrah sfida le pressioni di tutta la famiglia che preferirebbe avere una figlia sposata ma separata dal figlioletto piuttosto che una madre divorziata in casa. Michelle sceglie alla fine il suo lato occidentale, comparendo alla festa di matrimonio di Faisal per deriderne l'indecisione e la soggezione al volere familiare e si trasferisce infine a Dubai.

Consciamente o no, le tradizioni non sfuggono all'influenza di circostanze e incontri, e si trasformano con il tempo e le persone. Allora molto meglio gestire il loro processo di trasformazione in maniera critica e trasparente dando ragione del perché di regole e comportamenti e restando pronti a modificarli e crearne di nuovi, piuttosto che lasciare che il processo si svolga comunque, solo in maniera più inconscia e ultimamente dolorosa.

Rispetto

L'espressione ormai logora spesso significa "Gira lo sguardo dall'altra parte, mantieni la calma e nascondi il tuo disagio". Se l'esercizio dura particolarmente a lungo o in circostanze platealmente sgradite alle proprie convinzioni può trasformarsi in "Tolleranza". Insomma, siamo sempre al punto che i cattivi sono gli altri.

Se però torniamo all'etimologia latina del verbo "respicere" scopriamo i due ingredienti del guardare l'altro e del riflettere su noi stessi lo sguardo inviato. In questo sguardo che ritorna su di noi nasce lo spazio per la riflessione: ho i suoi stessi problemi? Come li sto affrontando? Che cosa hanno in comune con me, anche se sembrano così diversi? Le ricette facili scompaiono e ci si trova più facilmente a mettere sotto esame anche la propria tradizione.

E' facile fare dell'umorismo sulle usanze saudite descritte in Girls of Riyadh, molti episodi sono oggettivamente esilaranti ma rispecchiandosi in essi ci si rende conto di avere a che fare con una società che nell'arco di meno di quattro generazioni è passata dai tempi di Carlo Magno a quelli di Barack Obama. Che cosa sarebbe successo a una qualsiasi società occidentale sottoposta a questa accelerazione storico-culturale?

Sfida

Finora, abbiamo evidenziato il valore della tradizione di ciascuno e la necessità di tenere un occhio fisso su se stessi quando si giudicano le altrui culture. Affrontiamo ora il tema della gestione della relazione con l'altro. Come far sì che essa sia fruttuosa e non formale?

Spesso il termine dialogo si risolve in un doppio monologo in cui il confronto è in realtà evitato o censurato per paura del conflitto. Evitare il conflitto non ferma però la crescita del risentimento che alla fine esplode in forme peggiori perciò credo sia più utile ricorrere a un atteggiamento esplicito di sfida, intesa principalmente in senso mercantile.

Mercanti e commercianti (per non parlare di banchieri e finanzieri) non sono mai stati amati da preti e filosofi, accusati spesso e non a torto di anteporre il denaro e gli affari a tutto il resto. D'altra parte, se seguiamo le acute osservazioni fatte da J.P.Dupuy nel suo "Il Sacrifico e l'invidia", i mercati contengono meccanismi mimetici nel doppio senso di "averli al loro interno" e "essere capaci di limitarne i rischi".

Gli attori di ogni tipo di mercato vivono in ambienti fortemente mimetici, come si evince dalle descrizioni contenute in "Too Big to Fail", uno dei migliori resoconti giornalistici del crollo di Lehman Brothers del 2008. Il libro è pieno di fenomeni mimetici (termini come risentimento, reputazione, contagio, panico ricorrono lungo tutto il testo) e di esempi di capri espiatori aziendali, ovvero licenziamenti e umiliazioni pubbliche di alti dirigenti fatte con lo scopo di ristabilire la calma aziendale e guadagnare tempo sui mercati. Siamo dunque prigionieri di questi personaggi che ci traghettano da una bolla speculativa all'altra incapaci di sfuggire alla loro ipnosi mimetica?

Da modesto quasi-venditore familiare con i rudimenti della teoria mimetica vorrei invece spezzare una lancia a favore dello "spirito di mercato" applicato alle relazioni inter-culturali. Gli spiriti commerciali devono sviluppare una serie di notevoli qualità per sopravvivere nel loro ambiente:

- Forte senso della controparte e di come potrebbe comportarsi e reagire, sia essa il cliente o il concorrente. Non sei un buon commerciale se non continui a domandarti e agisci in funzione di quello che vuole il cliente e di come si muove la concorrenza. E'un continuo esercizio di mettersi nei panni altrui.

- Consapevolezza che i concorrenti sono un "iustus hostis", esattamente nel senso che Carl Schmitt diede alla frase nei suoi studi di diritto internazionale. La concorrenza e'dura e spietata, ti vuole rubare il cliente e gli affari. Ma senza di loro si sarebbe incapaci di articolare la propria posizione di valore, in altre parole non ci sarebbe il mercato e per un commerciale mancherebbe la ragione stessa di vita.

- Consapevolezza che la competizione è un gioco di continua imitazione e differenziazione, con le aziende di successo continuamente imitate e sfidate dai rivali. Ogni nuovo prodotto è inesorabilmente studiato, copiato e leggermente modificato per essere rigettato nella sfida infinita per il dominio del mercato.

Possiamo adottare quest'atteggiamento nell'affrontare il problema del dialogo interculturale che include, tra l'altro, i valori e le religioni? O stiamo scivolando verso l'universalmente aborrita mercificazione della cultura e dei valori?

Iniziamo a osservare che una fortissima cultura del commercio è presente da tempo immemorabile su entrambe le sponde del Mediterraneo, da assai prima che nascesse il capitalismo.

E nella loro essenzialità i mercati sono i luoghi in cui le merci sono poste in vendita di fronte a potenziali compratori nel mezzo della competizione di altri commercianti. Quindi prima di tutto bisogna essere orgogliosi dei propri prodotti (siano essi filosofie, sistemi giuridici o religioni) e cercare di venderli nel miglior modo possibile.

Poi, bisogna essere pronti a studiare la concorrenza e a competere con essa con una mutua sfida. Se la mimesi è inevitabile, tanto vale usarla a viso aperto seguendone le regole. Su un piano più personale, posso testimoniare che il rispetto che si ottiene (e di conseguenza si concede) da persone appartenenti a culture anche abissalmente diverse dalla nostra è direttamente proporzionale a quanto apertamente si gioca la propria identità, sia essa musulmana, cristiana, ebraica o anche laica.

Questo rispetto poi aumenta quando ci si impegna in una sfida reciproca in cui per esempio da occidentali si difendono le nostre conquiste in tema di separazione tra Stato e Chiesa o ci si vede snocciolare da un amico musulmano le innumerevoli contraddizioni testuali della Bibbia che sarebbero risolte dalla lezione coranica.

In genere, le persone non cambiano idee e meno ancora religione ma sicuramente aumenta la comprensione reciproca, seguendo la stessa dinamica per cui in mercati sani vige il rispetto tra i concorrenti (e si può anche andare a lavorare per loro se ne appaiono le condizioni).

Conclusione – in difesa dello spirito mercantile

Sono convinto che nonostante tutti gli spargimenti di sangue e la violenza passati, i commerci impuri e mondani siano stati una delle principali forze che hanno tenuto insieme e permesso a civilizzazioni rivali di continuare a influenzarsi positivamente.

Forse Cristo si riferiva anche a questa dinamica quando disse che "pubblicani e prostitute vi precederanno nel Regno dei cieli". I pubblicani avevano una reputazione tra gli Ebrei forse ancora peggiore dei banchieri odierni, eppure a differenza dei Farisei dovevano ingaggiare un continuo gioco di confronto e imitazione con le loro controparti romane.

Come osserva Girard, non possiamo crearci un luogo puro al sicuro dalle insidie della mimesi perciò è meglio imparare le regole del gioco dagli impuri e disprezzati mercanti e cercare di costruire un'accidentata strada verso la salvezza piuttosto che finire all'inferno su una via di purissime intenzioni.

Bibliografia

René Girard "La voce inascoltata della realtà" (Adelphi 2006) Andrew Ross Sorkin "Too Big to Fail" (Viking 2009)

Orhan Pamuk "Il mio nome e'Rosso" (Einaudi 2001)

Orhan Pamuk "Il Castello Bianco"(Einaudi 2005)

Miguel de Cervantes "Don Chisciotte" (BUR 2009)

Louis de Wohl "L'ultimo Crociato" (BUR 2003)

Rajaa Al Sanea "Girls of Riyadh" (Penguin Books 2008)

Steve Coll "The Bin Ladens" (Penguin Books 2009)

Miguel de Unamuno "Abel Sanchez" (Alianza Editorial 2004)

Intervista con Peter Thiel "http://www.youtube.com/watch?v=esk7W9Jowtc"

J.P. Dupuy "Il Sacrificio e l'Invidia" (ECIG 1997)

Wu Ming "Altai" (Einaudi 2010)

Carl Schmitt "Il nomos della Terra" (Adelphi 1991)

Carl Schmitt "Teoria del Partigiano" (Adelphi 2005)

Ringraziamenti

A Sherif, Hikmat, Othman, Mahmoud, Amjad, Idrees, Nazmiye, Emine, Ersin, Canberk, Sevket, Engin, Muniba, Shady, Sameh, Nagui, Rima, Dorsaf, Issam, Turki,i molti Mohamed e tutti quelli che hanno posto le radici di questo scritto nella carne e non in un'altra teoria. A Enrico, che per primo mi consigliò "Vedo Satana cadere come la folgore" e diede di fatto il via ai miei studi mimetici. A mio padre, che prima di andarsene da questo mondo aveva accumulato nella sua libreria abbastanza libri di Girard perché potessi continuare nel cammino. E soprattutto, a mia moglie Alessandra e ai miei bimbi, che hanno avuto la pazienza di sopportarmi quando ho dedicato molte ore del mio tempo libero per mettere assieme questa testimonianza.

Ritratti di italiani in tempi di elezioni

Introduzione

Il 28 luglio 2012 i maggiori quotidiani italiani pubblicano il Manifesto di Fermare il declino a firma dei sette promotori Oscar Giannino, Luigi Zingales, Michele Boldrin, Carlo Stagnaro, Andrea Moro, Alessandro De Nicola e Sandro Brusco.

Dopo aver immediatamente aderito via Internet assieme a molte migliaia di italiani, alla ripresa di settembre inizio a seguire il movimento che comincia progressivamente a riempire teatri, a strutturarsi territorialmente e a capire che cosa vuol fare da grande, tra le discussioni sui forum online, gli aperitivi e le riunioni serali tra aderenti e i primi tentativi di volantinaggio di massa.

L'8 dicembre 2012, dopo un lungo dibattito interno, si decide di presentarsi alle elezioni e si comincia a costruire la macchina organizzativa per raccogliere le firme per la presentazione della lista, fare propaganda sul territorio e proporsi come alternativa nuova e credibile nel panorama politico italiano.

Non ci sono politici professionisti, tutti danno una mano per come possono su base volontaria, un po' di confusione è inevitabile ma c'è sicuramente anche un grande entusiasmo nel costatare come migliaia di persone che fino al giorno prima non avevano nulla in comune si mettano assieme attorno a poche forti idee su come cambiare alcune impostazioni di fondo della società italiana degli ultimi decenni.

La prima assemblea nazionale del 9 febbraio 2013, in piena campagna elettorale, dimostra fuori da ogni dubbio come quello che solo 6 mesi prima era una semplice anche se provocativa proposta intellettuale si stia ormai diventando un movimento popolare che va oltre i circoli accademici in cui è stato inizialmente concepito. La campagna elettorale è intensa e a 4 giorni dal voto Fare (il partito espressione del manifesto programmatico) vive la prima grave crisi della sua breve storia con le dimissioni da Presidente di Oscar Giannino per le dichiarazioni false rese sul suo curriculum accademico. Un peccato certamente veniale, soprattutto se confrontato con lo straordinario contributo dato da Giannino alla nascita e alla crescita del movimento, ma le leggi della lotta politica sono spietate.

La sera del 25 febbraio le urne decretano la sconfitta di Fare che con 380mila voti, si attesta all'1,2% del voto alla Camera. Il risultato negativo scatena poi l'inevitabile strascico di polemiche interne. Oltre e nonostante i numeri usciti dalle urne, ne è valsa comunque la pena perché si è avuta tra noi aderenti la certezza che per la prima volta da sempre Fare è il partito che rappresenta esattamente quello che vogliamo, senza nessun tipo di compromesso al ribasso e che permette di liberare l'energia e la passione necessarie a mettersi in gioco e a proporlo e proporsi a chiunque incontri per strada.

E proprio dal tentativo di collegare le idee alle persone che le fanno camminare, è nata questa serie di brevi ritratti di elettori incontrati in volantinaggi, raccolte firme e altri momenti di campagna elettorale vissuta sul territorio, che anche nell'era delle reti sociali si rivela un metodo insostituibile per tastare lo stato di un Paese.

Spero quindi che il caleidoscopio di storie qui raccolte riesca a trasmettere al lettore anzitutto lo stesso stupore che ho provato quando la complessità e ricchezza sociale di questa Italia duramente provata, ma non ancora disperata mi si sono svelate nelle strade di una Milano invernale. A loro e agli amici di Fare con cui ho vissuto quest'avventura è dedicato questo opuscolo. Ho cercato naturalmente di proteggere la privacy dei miei interlocutori cambiando nomi, luoghi e circostanze senza stravolgere il senso della descrizione.

1 – Fabio e la decrescita come destino.

Incontro Fabio fuori dal gazebo del PD di Via Arona a Milano, intabarrato con doppio pile e berretto di lana garantisce il servizio d'ordine alle primarie.

Armato della stampa della mail del sito di Matteo Renzi cerco di farmi accettare al voto, ma molto gentilmente Fabio mi spiega che senza le autorizzazioni provinciali non si può, che quel sito non è ufficiale ma è una trovata di non si sa bene chi. Insomma, capisco e non insisto, però un po' di punzecchiature me le deve concedere.

Non crede che il meccanismo sia un pochino farraginoso? "Eh sì, certo, ma sai, il problema mica è Renzi e nemmeno Berlusconi. E' che a Napoli l'anno scorso ne sono successe di tutti i colori."

Con De Magistris? "Ma va, prima. Faida interna, quindi non si poteva rischiare la stessa figuraccia su base nazionale e per il candidato premier".

Ne convengo, certo il PD perde un'occasione.

"Sicuro" ribatte "Sapessi anche noi quanto ne abbiamo le scatole piene. Perché non tagliano provincie e parlamentari? (già, perché? Ne avessi trovato uno che le difende) Ma voi di FID che siete esattamente?"

Poi il discorso deriva sui massimi sistemi, e tra un controllo di tessera elettorale e l'altro Fabio se ne esce con una considerazione rivelatrice.

"Sai, in fondo dovremo rassegnarci al fatto che stiamo uscendo dalla società dei consumi, che non può continuare, che in fondo la decrescita è il nostro destino". Serge Latouche dixit, peccato che l'uomo ci stia stretto. Senza arrivare a Canetti e alle sue mute di accrescimento, decrescita non vuol dire solo meno yacht e meno feste al

Billionaire. Meno crescita vuol dire meno università, meno arte, meno concerti, meno cure mediche meno tutto.

Tranne che per i super ricchi, ovviamente. La crescita non è solo per i ricchi. E' anche e soprattutto per i meno ricchi, che hanno solo la crescita per avere più opportunità. E questo, caro Fabio, è profondamente "de sinistra".

2 – Rosa e il fisco poliziesco.

Incontro la signora Rosa durante un volantinaggio in via Feltre a fine novembre.

Rosa ha una cinquantina d'anni dignitosamente portati (si vede che non si aiuta col trucco), veste decorosamente ma è ben lungi dall'essere anche solo un poco alla moda e parlando salta fuori che non riesce a trovare un lavoro da oltre 6 anni.

Come campa? Con la rendita di un paio di appartamenti che le hanno lasciato i suoi ma che tra IMU, cedolare, spese e rogne varie con i condomini se ne va quasi tutta nella gestione del patrimonio ereditato. Fortunatamente, il suo compagno lavora e il fratello le passa un mensile, per contribuire a mantenere il patrimonio che spera un giorno di trasmettere ai nipoti poiché non ha figli.

Accade che il signor Attilio Befera, direttore dell'Agenzia delle Entrate, abbia appena pubblicizzato il redditest, e la signora Rosa (che sa usare Internet e ha subito scaricato il software di simulazione) ha capito che l'aspetta la dettagliata esposizione ai funzionari dell'Agenzia di tutta la sua vita privata se vuole sperare di uscire indenne dalle maglie del redditometro.

Ha già pensato ad alienare parte del patrimonio per evitare guai maggiori, ma il mercato immobiliare è bloccato e si rifiuta di vendere a prezzi di realizzo. Almeno per ora. Solo cancellando il debito a forza di dismissioni di Stato e non di patrimoniali camuffate da virtuosa caccia all'evasore che la signora Rosa può sperare di guardare al suo futuro se non con speranza almeno con un minimo di tranquillità.

E'solo rimettendo in moto il mercato del lavoro che donne ultraquarantenni come Rosa possono sperare di aumentare le proprie possibilità di generare reddito e non sentirsi utili solo come amministratrici di piccoli patrimoni sotto lo scacco dello Stato. Difendere lo Stato rapace con la scusa della lotta all'evasione e la rigidità dei contratti con quella della difesa dei diritti sappia che si sta rendendo complice della rovina di migliaia di signore Rosa.

3 – *Mario e Luigi taxisti liberisti.*

Come moltissimi altri italiani, sono rimasti folgorati dal verbo di Oscar portato dalle onde di Radio24. Aderenti della prima ora, hanno ritagliato 2 ore della loro domenica mattina tra la sveglia e la partita di calcio del figlio per aiutarmi a montare uno scalcinato gazebo in largo Cairoli in un gelido ponte di S. Ambrogio. Insieme a molti altri stanno trasformando quello che sapeva molto di un seminario di marketing politico della Bocconi in un vero movimento sociale trasversale.

Sono ancora un po'a disagio con l'apparato telematico imposto da un movimento ad alto tasso di informatizzazione ma sanno che la politica è molto di più.

"Sai, dopo 10 minuti al computer mi va insieme la vista e il Fesbuc non lo so mica usare, poi devo stare attento a consultare la mail in macchina sullo smartphone, però dammi retta, la gente la convinci in quei 15-20 minuti di corsa dove attacchi bottone sulla politica invece che sul Milan e l'Inter, c'ho sempre il pacco dei volantini, a volte il cliente me ne chiede un po'da portar via".

Confesso che sono un po' stupito: ma siete consci e consapevoli che potreste essere le prime vittime di quegli spietati turboliberisti che ci dipingono essere? Fate i tacchini che anticipano il Natale?

"Beh, sì, forse ci potremmo smenare qualcosa. Ma se in cambio mandiamo su qualcuno che dice come vanno le cose come fa l'Oscar e se migliora la situazione generale, può anche andar bene lo stesso e alla fine va bene anche a noi".

Inizio a volantinare con la segreta speranza che gli italiani forse siano meglio di come tendono a votare, almeno finora.

4 – Giorgio, fashionista fascista.

Giorgio si professa fascista di quarta generazione. "Mio bisnonno ha fatto la marcia su Roma, mio nonno è stato repubblichino di Salò, papà invece si è limitato a vendere esclusivamente tessile Made in Italy nei suoi negozi"

Giorgio non rinnega e non nasconde una virgola della sua storia e convinzioni e fa lo store manager per le grandi firme. Una trentina d'anni molto elegantemente portati, non ha problemi a rendere l'onore del riconoscimento a chi stava dall'altra parte nel 1945.

"Ci credevano anche loro, dov'è il problema? Ho pure votato Renzi alle primarie, tutti a sfottermi, ma se sono d'accordo con quello che dice perché devo impedirmi di votarlo?"

A differenza di Tremonti, non cerca facili capri espiatori nei cinesi o nella globalizzazione.

"Ascolta, l'ho vissuta sulla mia pelle con il tessile, la realtà è che siamo stati noi a voler delocalizzare fuori dal Paese, e oggi sono i compratori cinesi a tener su la baracca. I negozi di mio padre li hanno fatti fuori le tasse esose che invece la grande distribuzione riusciva a eludere legalmente."

116

Il dente avvelenato ce l'ha invece con gli ex-forzisti "Un branco di stronzi, prima ci hanno fatto togliere tutti i busti del duce dalle sedi perché disturbavano e non era politicamente corretto, poi quando si discuteva di come stangare gli evasori fiscali e i finti poveri stavano zitti, perché erano loro gli evasori, te lo dico io. Adesso per fortuna Ignazio La Russa rilancia An con Crosetto e la Meloni."

Sì, guarda, confermo che stavano qui sabato nel gazebo a fianco, solo che c'è già il patto di apparentamento con SultanSilvio (o SilvioDux se preferisci). Momento di sconforto.

"Ancora lui? Non c'è niente da fare, l'unica via d'uscita è una bella dittatura, come in Russia con Putin. Mi sa che a primavera accetto l'offerta che mi hanno fatto per metter su lo store a Mosca".

Scusa Giorgio, ma preferisco una lenta traversata del deserto con Oscar e la sua pattuglia di rompiscatole. Intanto la strada dimostra come la rappresentanza politica sia distonica rispetto alle vere linee di faglia della società.

5 – Antonella o del grillismo responsabile.

Rapida ed efficiente allinea i suoi tre pargoli intorno al furgoncino del venditore di caldarroste che sta di fianco al banchetto di Fare di San Babila.

Mentre il caldarrostaio riempie il cartoccio calcola con implacabile precisione il bilancio della gita. "Insomma, tra treno e tram sono 15.6 euro a testa, costava meno venire in macchina, non è possibile". L'accento tradisce subito la provenienza emiliana, mi avvicino con il volantino e glielo porgo. Mi fulmina con lo sguardo.

"Ma insomma, non si capisce mo' di dove siamo? Veniamo da Parma e quindi.." Siete grillini! E per farmi benvolere butto lì che anche Fare è antisistema. "Ah no, non mi convincete, poi tra due mesi vedrete chi è la mente politica del movimento 5 stelle"

Ma come, non sono Grillo e Casaleggio? "Assolutamente no, è un segreto, tra due mesi vedrete". Non me lo dice nemmeno se dopo mi passa la penna luminosa dei Men in Black? "No e poi no, vedrete". Vedremo che usciamo dall'euro come dice Beppe Grillo? "Ma no, quello lo dice per fare campagna e attrarre un po'd'attenzione". Eccome, quella di SultanSilvio che lo copia.....e a livello locale come va con Pizzaroti?

"Aaaah, guarda, non ha mica cominciato bene. Quest'anno ha speso 10mila euro, si vede sul sito del Comune, per mettere l'albero di Natale che s'illumina pedalando con la bici, questa non la passa liscia".

Non è che c'è sotto qualcosa con il costruttore di cyclette?

"Assolutamente no, ma è proprio un'idiozia. L'anno scorso pensa ci eravamo fatti dare l'albero gratis dalla pro-loco della val di Fiemme e dopo l'Epifania avevamo venduto tutte le decorazioni. Il ricavato poi era stato devoluto in beneficenza al reparto oncologia infantile dell'ospedale. Costo zero per il comune e fondi extra per l'ospedale. E quest'anno il Pizzaroti ci ha rovinato tutto. Ma ci sente poi in Consiglio".

Le caldarroste sono finite e Antonella raduna la sua truppa per la vasca finale in via Montenapoleone, con la sua politica delle piccole cose concrete che nessuno considera e che bussa alle porte di Grillo e Casaleggio per ottenere l'attenzione che non trova altrove.

6 – Paolo e la pancia del PDL

Incontro Paolo in una delle cene natalizie, lavora da anni nei consigli di zona per il PDL e sa cosa vuol dire fare vere campagne elettorali.

"Gli ultimi dieci giorni muori, sei in giro dalle 6 del mattino alle 3 di notte e le 3 ore che stai a casa devi anche trovare il tempo per fare la scaletta del giorno dopo"

Nonostante la platea sia tutta indubbiamente amica, non mancano le frecciate ironiche dei commensali, tutti vogliono sapere se sta con Formigoni e Berlusconi o con Mauro e Monti. Visto che la conversazione si butta sul politichese spinto, faccio outing e improvviso un comizio pro Giannino. Paolo pare sollevato per la sponda inaspettata, inizia a ritorcere le frecciate.

"Ah, e bravi i nostri transfughi della società civile! Ma ci arrivate al 2%? Sapete come funziona un partito? O meglio, prima bisogna sapere che cosa è e come è fatto"

Incasso e ribatto, e tra uno scambio e l'altro Paolo rende gli onori al nuovo avversario.

"No, guarda, battute a parte Giannino lo stimo un sacco, è un vero liberale. Uno che si fa pagare ma che non puoi pagare e c'è una bella differenza. Come ha anche ragione da vendere quando dice che la politica non può più basarsi sulla distribuzione dei soldi" Appunto, per cui tanto per fare un esempio bisognerebbe centralizzare tutti gli acquisti della sanità, così per vedere che effetto fa sui prezzi.

"No, questo non va bene. Dove finisce il principio di sussidiarietà?"

Sussidiarietà sì, ma non con il portafoglio nostro. Qui bisogna consultare lo Zingarelli per approfondire la differenza tra sussidiarietà e discrezionalità (per altro opaca). Ma stiamo toccando un nervo profondo. Poi il discorso si sposta sull'Europa, e qui si capisce il vero cruccio.

"Sì, Berlusconi dice fesserie quando parla di uscire dall'euro e di complotto tedesco, però mostra il problema vero, cioè che la finanza e l'economia in Europa sono andate avanti e la politica è rimasta indietro"

Insomma, bisognerebbe tornare agli anni Settanta, dove la Banca d'Italia acquistava ricorrendo al torchio monetario i buoni del tesoro rimasti invenduti. Che è poi quello che fa oggi la FED, solo che per arrivarci in Europa servirà un'altra generazione e tutt'altra classe politica, purtroppo di nuovi Kohl e Mitterrand in vista non se ne vedono poi molti.

"Hai ragione, intanto noi dobbiamo aspettare che Berlu levi il disturbo. Pensa che già non riusciamo a capire noi chi lo possa sostituire, immagina trovare un'alternativa alla Merkel"

7 – *Francesco o la congiura dei media*

Francesco lavora in un'agenzia d'informazione, raccoglie, sintetizza e distribuisce notizie ai media della carta stampata locale e nazionale, preconfezionando tra l'altro anche grafici e tabelle degli spread.

"Mamma, che incubo lo spread. Pensa che ancora oggi ti potrei nominare fior di caporedattori economici di testate non secondarie che mi tengono minuti e minuti al telefono per avere lo spread della Germania. Proprio così, dopo che gli dai lo spread di Italia, Francia e Spagna quelli sono ancora lì a chiedere la Germania, manca la Germania, dammi la Germania. Ma se la Germania è il riferimento, non te lo posso dare! Si misura rispetto a quello. Come chiedere rispetto a cosa il metro di Sevres è un metro"

Brivido. Questi poi contribuiscono a formare un'opinione pubblica consapevole?

"Guarda, se ci aggiungono qualcosa di loro è già un risultato. Parlo un po' contro la mia categoria, in realtà sta trionfando il copia e incolla. Il fatto è che sei sempre più sommerso di dati e di fonti, sei sotto pressione perché anche da noi la crisi si sente e allora appena il giornalista vede un lancio con una parvenza di decenza lo linka acriticamente, tanto domani chi se lo ricorda se era infarcito di errori?"

Quindi niente regia occulta, solo un gigantesco sistema di specchi dove la Fama diffonde i suoi mille occhi strabici alla velocità di Internet?

"Oddio, che i governi e i potenti in generale prestino un occhio di riguardo all'informazione è ovvio. Non per niente gli uffici dell'ANSA sono esattamente sotto il Quirinale, in un'ala delle scuderie. Ma è un fatto che l'effetto di copia e rilancia contribuisce molto a far girare la macchina su se stessa. Pensa che una volta dovevo commentare il bilancio di una banca, una di quelle grosse e notissime. Il comunicato ufficiale era infarcito di riferimenti ai parametri di Basilea 2 e Basilea 3, per capire dove stessero esattamente e dire alla fine se erano in regola o meno mi sono messo a cercare una tabella di sintesi di questi benedetti parametri. Ricerca dopo ricerca alla fine l'ho trovata. Sul sito della Borsa, quindi affidabile diresti. Solo che mi era familiare. Molto familiare. L'avevamo fatta noi 6 mesi prima per commentare un'altra notizia e alla fine ce la ritroviamo come metro di giudizio oggettivo."

E che hai fatto? "Che dovevo fare? Siccome non avevo tempo per andarmi a spulciare il sito di Basilea (dove la tabella di sintesi non esiste) mi sono fidato di chi al tempo l'ha compilata e l'ho usata. Almeno per una volta sapevo di che farina si trattava"

Ora, mi chiedo, se così funziona l'informazione come pensiamo pensare che esista e funzioni la grande regia unica dei complotti e delle congiure? Ci può credere solo Berlusconi.

8 – Roque e le Italie d'oltremare

Da dietro il bancone il barista prende il volantino e scopro che già conosce Oscar Giannino, prima di metter

121

su il bar alla Bovisa lavorava nella trattoria piemontese dove Oscar andava spesso a mangiare.

"Ma dai, fa il partito. Fammi leggere, se mi piace lo voto di sicuro" Certo, anzi, ti spiace se ti lasciamo un pacchetto di volantini da distribuire? "Figurati, mettili lì tra i gratta e vinci". Troppa gentilezza, e ancora non ci siamo presentati.

"Mi chiamo Roque". Rimango interdetto, accento e sembianze sono tipicamente meridionali. Vuoi dire Rocco?

"No, no, Roque. In spagnolo. Sai, nel mio paese giù vicino a Marina di Camerota ai primi del Novecento si sono trasferiti in massa in Venezuela e hanno mantenuto i legami. Con il via vai, anche in Italia molti hanno adottato il nome spagnolo, e specialmente Roque, per cui il 18 agosto a San Rocco metà paese festeggia l'onomastico. Ma abbiamo anche i Josè, i Luis, i Domingo".

E adesso com'è la tendenza? Sempre in uscita dall'Italia verso il Venezuela?

"No, adesso si sta invertendo. Il problema è che giù moltissimi hanno fatto fortuna, ma ora Chavez sta esagerando, pensa che se hai una casa sfitta o ci metti dentro uno o ci paghi una quantità di tasse pazzesca, altroché IMU. Quindi parecchi sono tornati, e anch'io con loro".

Sicuro di non essere finito dalla padella alla brace? "Ma, non lo so. Certo che se mi assicuri che Giannino non vuole la patrimoniale acquista punti"

Su questo garantisco personalmente. La patrimoniale vogliamo fortissimamente che tocchi allo Stato, e mentre gli pago il caffè non riesco a levarmi dalla testa il pensiero che deve esserci un modo per usare in maniera più intelligente l'enorme rete di legami delle altre Italie che si sono spostate all'estero.

9 – *Mariangela o il cattocalvinismo lombardo*

Mariangela si ferma di scatto sull'angolo tra piazza Wagner e via Buonarroti e mi sradica il pieghevole dalle mani. Lo squadra e mi squadra circospetta, dopo qualche secondo mi apostrofa:

"Ma voi, come vi ponete rispetto alla Lega? Qui non capisco bene, sembrate amici, ma tutto questo rosso nel volantino...".

E' una storia lunga, su molto del merito saremmo anche amici ma questa decisione del Bobo Maroni di rimettersi col Berlusca proprio non va.

"Ah, ma guardi, lei deve partire dal fatto che Maroni è stato un grande ministro degli interni, pugno di ferro contro la mafia, e poi adesso fa la macroregione". Veramente qui più che ridistribuire le tasse sarebbe il caso di tagliarle, riducendo le spese, non trova? Poco importa se il tiranno sta a Roma o al Pirellone.

"Sì con l'IMU ci hanno messo in ginocchio. Dico ci perché anche se non ho più il mio amato marito dal 2006 noi siamo una famiglia allargata. Io, i figli, le nuore e i nipoti, lavoriamo assieme, facciamo andare avanti una scuola privata montessoriana con dentro 30 insegnanti e uno studio da commercialista con altre 10 persone". Complimenti, quanto ci avete messo?

"Col mio marito siciliano, se lo tenga bene a mente, che sono leghista ma devo tutto a lui, mi ha fatto scoprire la vera cultura italiana nel Meridione, comunque le dicevo, col mio marito avevamo messo su lo studio da commercialista, poi con i figli abbiamo fatto partire la scuola. Una vita di sacrifici, e quello che mettevamo da parte ci abbiamo costruito una bella casa in Valtellina e adesso ecco l'IMU, una rapina. E' una lotta, tutti vogliono i tuoi soldi. Anche le banche. Sa cosa mi ha detto quel farabutto del direttore l'ultima volta che sono stata in filiale? Voleva farmi mettere i soldi del TFR delle insegnanti in un loro fondo. Ho 71 anni ma lo capisco benissimo che mi voleva fregare, già non gli darei i miei, meno che mai i soldi dei miei dipendenti."

Sbaglio o nonostante l'età è ancora molto addentro alle questioni della holding familiare?

"Ma non posso lasciarli, se non ci sono io non riescono a fare andare avanti tutto. Specialmente la gestione del personale, lo dico sempre a mia figlia, con i dipendenti è difficile, devi imparare quando premiarli e quando bastonarli. Ma è tutto sempre più difficile. Devi premiare le insegnanti brave, se non l'aumento almeno l'una tantum, ma va via in tasse e poi comunque devi sempre stare attento a non creare troppe invidie, poi altrimenti non funziona lo stesso anche se il principio è giusto, capisce? E l'altro giorno i due della cucina mi hanno fatto un rebelotto, e non lo dico perché loro sono marocchini e io della Lega, non puoi fare certi pasticci con i bambini, ma non posso mandarli via, aumentano solo i guai con i sindacati e allora devi stare con i figli e aiutarli a barcamenarsi e gestire le situazioni, mi capisce? Ma adesso mi faccia andare, sennò arrivo tardi per la Messa e mi devo anche confessare"

Il semaforo scatta e Mariangela in due balzi attraversa la strada, portandosi dietro la sua storia di famiglia-impresa che resiste a dispetto dello Stato ostile e della finanza infida.

10 – Leonilde o della metamorfosi di FARE

Appena varco la soglia dell'elegante condominio milanese con il pacco di volantini in mano la portinaia mi chiama con un gesto imperioso alla guardiola e mette in chiaro la situazione:

"I volantini li lascia qua a me, non si possono mettere nelle cassette delle lettere, decido io se distribuirli, così sono le regole se non le vanno bene quella è la porta". C'è poco da discutere, la signora sprizza determinazione e energia, per raggiungere le agognate buche della posta bisogna passare l'esame di questo moderno Minosse urbano. Guardi, sono i volantini di FARE, il partito fondato da Oscar Giannino, ne ha sentito parlare?

"Ah, il Giannino! Ma pensi che ieri sono stata un'ora al telefono con mia figlia che vive a Pesaro, era in lacrime con questa storia delle dimissioni, ma l'ha fatta grossa a raccontare che aveva le lauree, e che peccato, parlava così bene e con le idee chiare"

Certo signora, è un colpo, ma ha visto come abbiamo reagito? E poi siamo 100mila, Oscar è importante ma il programma e le idee ora sono di tutti e si stanno diffondendo, possiamo veramente cambiare le cose.

"Ah sì, lo dirò a mia figlia, ci credeva così tanto, lo ha detto a tutti, amici e parenti. Io poi ho iniziato a informarmi, perché sa, qui di pomeriggio la portineria chiude e io mi metto a stirare con la tv accesa e non me ne faccio sfuggire uno. L'altro giorno c'era questa qui del SEL, la Cremonesi mi pare si chiami, vestita che sembrava con gli abiti della raccolta della parrocchia, bisogna anche presentarsi bene in certe posizioni, e su cinque domande non sapeva rispondere nemmeno a tutte. E poi cosa dice? Che no, lei prende molto meno di 11mila euro dell'assessore, a lei danno solo 9mila euro, ma si rende conto? Come il figlio del Pizzul, che fa politica anche lui, sono stata a sentirlo e dice che sì, prende 8mila euro ma 2mila li da' al partito. E che significa? Allora anch'io posso darli a mia nonna"

Già, non è la stessa cosa tirar fuori i soldi dalle tasche dei cittadini e poi decidere se darli al partito, in beneficenza o in feste invece di lasciarli dove stanno. C'è sempre dietro la logica che non bisogna lasciar troppi soldi in tasca alla gente se lo Stato o meglio qualcuno nello Stato sa spenderli meglio di te proprio perché fa parte dello Stato. Ma la signora l'ha capito benissimo con la quinta elementare, senza master e senza leggere Hegel e Buchanan. Però signora, mi tolga una curiosità, ma perché non vota Grillo?

"Eh, beh, prima di tutto c'è mia figlia, poi ho sentito il Giannino, e sa quello che dice, ci ho parlato con quelli di Grillo al mercato, ma mi sembrano un po' ecco...non sapevano parlare tanto bene e poi anche con questo accento meridionale che insomma, beh insomma...non è che proprio, insomma mi sono spiegata, no? E' che dobbiamo mandare gente preparata in parlamento, mica solo quelle con le tette, come quando hanno iniziato con la Ilona Staller che le metteva sulla scrivania di Andreotti. Ce le ho anch'io le tette grosse come tutte le romagnole ma mica le ho messe sulla scrivania di Andreotti, erano solo per mio marito buonanima che è mancato 15 anni fa. Siccome la mia pensione e la sua reversibilità erano basse allora ho preso il suo lavoro da portinaio, ora ho 75 anni e continuo a lavorare"

Signora mia, lei è l'anziano ideale che sogna la Fornero, sul pezzo fino alla fine.

"Macché Fornero, sono i condomini che hanno una fifa blu che arrivi il portinaio extracomunitario e mi tengono stretta. E allora io un pò me ne approfitto e faccio mettere le mie regole. Come quella dei volantini, che non voglio gente a girare per l'atrio che poi devo stare qui ferma a sorvegliarli"

E sorridendo solleva il pacco di volantini e si avvia verso le buche delle lettere. "Vada, vada che a questi ci penso io". Sì, decisamente FARE non è più solo il circolo di professionisti e accademici che era. Grazie a Dio e molto anche a Oscar.

Notizie sull'autore

Mi sono laureato in Ingegneria Elettronica al Politecnico di Milano nel 1994 e da allora ho sempre lavorato in multinazionali delle telecomunicazioni.

Mi occupo della teoria mimetica dal 2007, dopo aver letto da autodidatta tutta l'opera di René Girard. Nel 2011 ho pubblicato un articolo sulle relazioni Oriente-Occidente durante la conferenza COV&R (Colloquium on Violence and Religion) dedicata al tema "Ordine/Disordine nella storia e nella politica".

Posta elettronica: luca.luchesini@libero.it